纺织服装高等教育"十三五"部委级规划教材

运动服装品牌

主 编 陈 彬

参 编 臧洁雯 徐春华 周 洋

董殊婷 雷思雨

东华大学出版社·上海

内容提要

本书分为运动服装概述、运动服装的特点和运动服装品牌三个部分。第一部分讲述了运动服装的起源和运动服装的发展；第二部分介绍了运动服装的基本分类和基本款式；第三部分介绍了20个国内外知名运动服装品牌，包括各品牌的发展、风格和设计特点。

本书既有一定的理论高度，又通俗易懂、图文并茂、贴近生活。本书可作为我国高等院校服装设计专业运动服装课程本科和研究生教学用书，对从事运动服装设计、运动配饰设计、时装设计相关从业者和已具备时装设计基本知识的时装艺术爱好者也是一本有益的读物。

图书在版编目（ＣＩＰ）数据

运动服装品牌 / 陈彬主编 . —上海：东华大学出版社，2018.5

ISBN 978-7-5669-1319-7

Ⅰ . ①运…　Ⅱ . ①陈…　Ⅲ.①运动服—品牌营销—研究　Ⅳ . ① F768.3

中国版本图书馆CIP数据核字（2017）第 295472 号

运动服装品牌
YUNDONG FUZHUANG PINGPAI

主　　编：陈　彬

出　　版：东华大学出版社（上海市延安西路1882号，200051）

网　　址：http://dhupress.dhu.edu.cn

天猫旗舰店：http://dhdx.tmall.edu.cn

营销中心：021-62193056　62373056　62379558

印　　刷：上海雅昌艺术印刷有限公司

开　　本：889 mm×1194 mm　1/16　印张：7.5

字　　数：280千字

版　　次：2018年5月第1版

印　　次：2018年5月第1次印刷

书　　号：ISBN 978-7-5669-1319-7

定　　价：55.00元

目 录 CONTENTS

第一章　运动服装概述

图1-1（1）　15世纪的女子狩猎场景

图1-1（2）　16世纪宫廷贵族玩保龄球

图1-2（1）　19世纪末贵族着的狩猎服

图1-2（2）　19世纪的骑马服

随着经济的高速发展，人们生活水平的不断提升，越来越多的人开始注重健康和愉悦的生活方式，奥运会、亚运会、大运会，以及各类马拉松等赛事的举办，进一步点燃了人们的运动热情，运动、休闲成了人们生活中不可或缺的一部分，这一点在北上广深等一线城市中尤为明显。城市生活的贫乏单调、城市人口激增带来的竞争压力、加之快节奏的生活方式，让身心疲惫的城市人愈加向往自然，渴望新鲜有趣的生活，同时又希望能不断尝试挑战、突破自我，因此马拉松、徒步、登山、骑行等带有探险性质的户外运动都吸引着越来越多的人们参与。

目前，运动服装的概念不再局限在竞技类体育范畴，不单单只是为了参加比赛及特定运动场合穿着的服装，更多地发展成为一种设计新颖、引领潮流、代表时尚的运动风格的服装。随着世界上越来越多知名运动服装品牌与时尚品牌合作建立时尚风格的休闲类运动服装子品牌，运动服装正向着多元化、时装化、高端化的趋势发展。

当前，一些经典的运动服装品牌有着一套成熟的运动服装设计体系和推广模式，引领着运动服装的发展潮流，而许多个性化的品牌更注重独特的品牌基因，以完全不同的风格丰富着运动服装品类。

一、运动服装的起源

1. 竞技类运动服装

运动类服装作为一个正式的服装大类，其形成的时间并不长，事实上15和16世纪女子在体育运动时多穿日常生活服装（图1-1）。近代的运动服装出现于19世纪中叶，是专门为贵族绅士们狩猎、打高尔夫球等而设计的（图1-2）。当时上流社会的贵族男士们对于户外运动的方式尤为热衷，如球场聚会、在郊外的别墅举办马球和狩猎等各类比赛项目。他们对这类比赛制定了严格的制度，对着装的礼仪要求也有规范。那时候狩猎运动的着装元素也运用到了高尔夫运动着装中（图1-3），这类具有乡间绅士的服装风格不仅流行在

图1-3（1） 1905年高尔夫运动着装

图1-3（2） 1913年高尔夫运动着装

图1-4 刊登于芭莎杂志上的1881年网球着装

郊外的度假中心，在喧闹的城市也流行了起来。19世纪末欧洲女子也开始从事网球、高尔夫、骑自行车、游泳等运动，增加了运动服装的需求量（图1-4~图1-7）。1896年第一届奥运会举办，为专业运动服装的发展拉开了序幕。这届奥运会有田径、游泳、举重、射击、自行车、古典式摔跤、体操、击剑和网球9大项，各项运动对服装有不同的要求，于是出现了专门的运动服装的设计和生产。当时服装设计针对不同的专业运动项目进行，所以在设计时首先要考虑其功能性，在满足功能性需求的前提下再结合时尚流行的元素给人以美的

图1-5 1890年女子自行车运动着装

图1-6 1890年女子高尔夫运动着装

图1-7 19世纪末女子游泳着装

图1-8（1） 登山装

图1-8（2） 时尚运动品牌Bogner的户外装

享受，开始现代运动服装开始初露端倪。

2. 户外运动服装

　　户外运动服装始于19世纪，当时科学家为了寻找高山、深林里的植物资源，开始进行登山、野外徒步等户外活动。第二次世界大战中，由于军队作战需要，攀岩、野营等户外活动也开始出现，这些活动都对服装提出了特殊的要求。随着二战的结束，世界经济逐渐复苏并稳步向前发展，户外活动开始走出求生和军事范畴并被纳入体育运动的领域，滑雪、攀岩、山地骑行等都成为专业的体育项目，催生了专门的户外运动服装（图1-8）。在欧美等发达地区，定期的户外运动成为人们日常休闲、娱乐甚至提升生活品质的一种全新生活方式。1989年新西兰举办首次越野探险挑战赛后，各种形式的户外活动和比赛在全世界如火如荼地开展起来，目前在欧洲每年都有众多的大型挑战赛举行。随着经济发展，人们生活水准的提高，我国户外运动服装也开始蓬勃兴起快速和发展了起来。

3. 休闲类运动服装

　　在20世纪初，有着划时代意义的夏奈尔（Chanel）在她的第一个系列中，以男士时装和运动服饰为灵感，推出适合身体运动方便和自由的时装。她将裙子变短，有背带的包袋设计可以让双手自由运动，上装设计了实用的衣服口袋，袖管也加宽。夏奈尔独辟蹊径，采用针织面料设计服装，通过优雅又轻松的款式，为最早的运动风格作出了诠释。她推出的休闲运动风格成为当时的流行（图1-9），各大报刊，从Vogue到Jardin des Modes竞相对此进行报道，展示她为滑冰、滑雪、网球、游泳等运动设计的服装，同时刊登了欧美各地那些穿着夏奈尔衣服的漂亮的来自上流社会人们的照片，由此开始将这类便于身体自由活动的服装设计风格称为运动风格。

　　休闲类运动服装在功能上跟专业类运动服装有所区别，休闲类运动服装以在生活中便于活动以及休闲舒适为主要目的。对于休闲类运动服装设计的原则是以人为本，追求服装的功能性和时尚感，穿着的美感舒适性和功能性决定了休闲类运动服装的款式、色彩和面料的选择有其自

图1-9（1） 香奈尔设计的针织运动衫　　图1-9（2-1） 20世纪初香奈尔设计的休闲运动风格服装　　图1-9（2-2） 20年代香奈尔的休闲运动风格服装成为流行　　图1-9（2-3） 20世纪初香奈尔设计的休闲运动风格服装

身的特点。休闲类运动服装在设计上更多的是与时尚的结合，强调穿着的舒适感觉，便于肢体的运动，体现运动的轻松感、休闲性和随意性，其中重要的一点是，时尚流行元素被越来越多地引入休闲类运动服装设计之中，更时尚、更性感、更年轻化是未来发展的主流方向。

二、运动服装的发展

1. 运动服装的高科技化

（1）面料的多功能化

当今运动服装设计中，面料是其核心。21世纪随着纤维与纱线研究的飞速发展，运动服装的科技含量大幅提升，通过改变纤维的强度、伸长、模量、弹性等性能，选择合理的组织结构和功能后整理使面料具有透湿防水、低阻力、保温舒适、易消除疲劳、抵御紫外线、抗菌、防臭等功能。

目前运动服装常用的面料按功能性的不同大致可分为防水透气型、吸湿排汗型、防风保暖型、耐磨型、抗静电型与防辐射型等。

1）防水透气型

防水透气性是指面料可以防止环境因素（如风、雨）造成的侵袭，有阻止液态水通过的同时气态水可以通过的性能。其大致可分为高密织物、涂层织物、膜层合织物。目前，市场上大多数户外运动服采用的是膜层合织物三种，即将薄膜紧紧附着于耐磨面料与内衬之间，既能保护薄膜又能增强耐磨性。

美国戈尔公司生产的Gore-Tex面料是目前世界公认的最为畅销的防水透气型面料（图1-10），它是一种多孔的薄膜，需要压合在一层尼龙材料里面才可以做衣服面料。薄膜的微孔比水蒸汽分子要大700倍，这就意味着人体汗汽可以很容易地通过，从而使薄膜具备良好的透气性。同时微孔比水滴小2万倍，这就意味着再小的水滴也无法从薄膜穿过，从而达到很好的防水功

图1-10（1） Gore-Tex面料①

图1-10（2） Gore-Tex面料②

图1-10（3） Gore-Tex面料制
作的手套

图1-11　高性能涂层面料Texapore

图1-12　杜邦公司的Coolmax纤维

能。另外面料会进行表面的DWR防泼水处理，使面料的表面形成一个拒水层，避免雨水润湿或聚集在面料的表层。

另外还有德国（Jack Wolfskin）狼爪公司研发的一种高性能涂层面料Texapore，目前有六代产品（图1-11），其中Texapore Hyproof被公认是品质最好的100%防水、透气的高功能布料品牌之一。它使用了超强度的聚氨酯复合面料和DWR外表面涂层，防水性能极佳，但是它的透气性欠佳。

2）吸湿排汗型

吸湿排汗性也称速干排汗性，是指面料将皮肤散发出的湿气有效排出的性能。剧烈运动后，运动服对水分的控制性能是影响人体舒适度的主要因素，对热湿控制好的纤维或织物应具有吸汗、排汗的功能，并能迅速干燥。由于出汗处的皮肤温湿度较高，皮肤与织物摩擦力较大，依靠织物的芯吸效应将水分排出是理想的途径。

杜邦公司的Coolmax纤维是一种具有芯吸效应的四道凹槽的异形截面聚酯纤维，速干速度是棉的5倍。其横截面比一般纤维多出20%的表面积，用其制成的面料具有优良的吸湿排汗性，且由于纤维间剩余空间较大，可以保证良好的透气性，将皮肤表面蒸发的湿气快速导向外层纤维，以有效地调节身体湿度，保持身体干爽舒适（图1-12）。

图1-13（1） Omni-Dry品牌标识

图1-13（2） Columbia公司的Omni-Dry面料T恤

图1-14（1） Thermolite面料骑行服

图1-14（2） Thermolite面料户外服

另外哥伦比亚（Columbia）公司研制出吸湿速干材料Omni-Dry，这款布料不但可以迅速将水分吸收，而且还可以有效地将水分带到面料外面挥发。它的吸水性能是一般棉布的3倍，挥发速度是一般棉布的2倍，因而能使穿着者经常保持干爽舒适，适合于参加各种户外活动。这款材料主要用于生产速干T恤、衬衫、户外运动休闲裤等（图1-13）。

3）防风保暖型

防风保暖性能是指面料有效隔绝空气流通的性能，其能防止冷空气进入，保持身体温暖，可保证穿着者不受严寒的侵害。

杜邦公司的Thermolite纤维是一种中空纤维，是仿造北极熊的绒毛生产而成，其保温性能特别优异。每根纤维都含有大量导热性很低的静止空气，形成了一道空气绝缘保护层，既可防止冷空气进入，又能排出湿气，使穿着者身体保持温暖、干爽、舒适、轻盈。由Thermolite纤维制成的面料干燥速率是丝和棉面料的2倍左右，适合于制作登山服、滑雪衫等（图1-14）。

美国Malden Mills公司推出的Polartec材料，是户外装市场上迄今为止最受欢迎的起绒产品（图1-15）。Polartec比一般的抓绒衫要轻、软、暖和，而且不掉绒，它不但干得比较快，而且伸缩性也不错。Polartec分轻量级、中量级和重量级。100系列的为轻量级，适合做抓绒裤。200系列最常见，保暖性比100系列好，又没有300系列那么重。还有200BiPolar和300BiPolar系列双层抓绒衣，其比较厚。300BiPolar系列保暖性能更强，适合在高寒地带穿。

Conduit是Mountain Hardware公司自己研制的一款防雨防风面料，主要用于公司的各款户外运动服，如Ascent、TundraJacket、ExposureII，但经消费者使用后评价其透气性较差。

2012年探路发布了其自主研发的TIEF科技面料产品，包括TIEF PRO（防水透湿面料），TIEF SKIN（超轻防风面料）和TIEF DRY（单向导湿面料）等，相对于进口防水透湿面料更具持久耐洗、耐低温透湿的性能，可以更好地提升户外运动的体验。

图1-15（2）　格子绒衬里、Polartec 绒夹层的夹克

图1-15（1）　Polartec材料品牌

图1-15（3）　Polartec抓绒女夹克

图1-15（4）　Polartec 绒夹层的滑雪服

4）耐磨型

耐磨性是指面料在压力和摩擦下不易受损的性能。户外运动服要求有耐磨性能，尤其是特殊部位要求更高。如杜邦公司开发的Cordura纤维是一种喷气变形高强力锦纶，这种产品质轻、抗磨、耐穿，长时间使用也不易变色。其耐磨性是一般喷气变形锦纶的2倍，耐穿性是聚酰胺、聚醋和棉产品的2~7倍，同时这种新型面料的舒适性和伸缩性相当好，因此Cordura纤维最适合于制作结实耐穿的户外运动服装（图1-16）。

图1-16　Cordura面料骑行服

5）抗静电与防辐射型

由于户外运动服多数由化学纤维制成，静电问题较为突出。静电的危害一般表现为衣服易起毛起球，易沾染灰尘污垢，贴近皮肤时有电击感和黏滞感。如果携带有电子罗盘、海拔表、导航仪等精密电子仪器，就有可能被服装的静电干扰而产生错误，引起严重的后果。抗静电面料一般是在织物中织入金属丝，将摩擦产生的静电及时传导散逸到外界，但是这种导电面料柔软性不好。另一种方法是利用聚丙烯酸醋等具有吸湿作用的抗静电剂，在织物表面涂一层可以吸附水分子的化学薄膜，使织物表面形成一层连续的导电水膜，将静电传导逸散。

防辐射面料是将纳米级的无机二氧化钛、纳米氧化锌等紫外线屏蔽剂和有机的水杨酸系、氰基丙烯酸醋系、二苯甲酮、苯并三唑等紫外线吸收剂，利用树脂交联的方法固着在织物上，起到一定的防紫外线辐射作用。

图1-17（1）　加了发光条的跑步服

6）反光面料和夜光面料

反光面料在户外运动服装中运用较广，由于非竞技自行车运动也属于户外运动中的一种，且多穿行于城市车流之中，对于运动中的被可视性有着更高的要求，反光面料通过反射外界发光物体照射过来的亮光，使原本不发光的面料变得明亮显眼，位于运动者后方的车辆行人能及时在昏暗的环境中发现运动者的骑行轨迹，避免发生意外（图1-17）。目前在非竞技自行车运动服装中

图1-17（2）　加了反光条的骑行服

图1-17（3）　使用3M视觉丽材料的骑行夹克

多采用3M视觉丽材料。

　　夜光面料目前在运动服装中没有广泛的开发和应用，它是一种通过对日光、灯光等光源照射后将光能储存起来，在没有光源的情况下再将储存的光能逐渐缓慢释放出来而发光的面料（图1-18）。夜光面料的优点在于非竞技自行车运动者运动的过程中即使周围没有光源，通过夜光面料的发光特性，行人或通行的运动者也可以看到其运动的状态和轨迹；其缺点在于如果服装一直处于黑暗的状态下或是没有吸收和储存足够的光源，夜光面料的发光特性不能充分展现，将影响到骑行运动者的被可视性。

7）抗菌面料

　　抗菌保健型面料有多种类型，如日本近年研究出从芦荟、艾叶、玫瑰花等具有杀菌作用的芳香油提取物质，将其包覆在多孔性有机微胶囊或多孔性陶瓷粉末中，附着在织物上，并加以树脂交联固定，穿着中通过摩擦、挤压等机械作用缓慢释放出杀菌剂，以达到耐久抗菌的目的。这类天然抗菌剂不仅无毒无害，而且还有一定的保健功能。

（2）面料的智能化

　　新型智能纺织材料可以感知周围的环境条件并对其变化或刺激产生反应，如机械作用、热作用、化学作用、电、磁或其他外界作用等。目前已经用于运动服装的智能材料有：相变材料、形状记忆材料、变色材料、全息纤维（Holofibre）、吸入性材料（Stomatex）和耐撞击材料等。

1）调温面料

　　运用调温面料制作的运动服是一种可以实现温度自控的自适应服装。调温面料能在人身体周围产生一个隔热层，防止过冷或过热，让人体始终保持一种舒适的温度。其中的"湿度处理技术"能把汗水从皮肤上吸走，并尽可能快地使之散发掉。穿上这种调温服装，穿着者即使从冰天雪地的北极来到烈日炎炎的赤道，也无须更换服装，唯一的变化是衣服颜色从火红色变成淡蓝色，衣服纤维的细孔也从闭合状态变成开放状态。

2）可视面料

　　通过面料的可视性变化了解运动的状况。目前有可穿在身上的柔软LED显示屏，通过显示不同内容和频率的文字信息和色彩信息，以达到昼

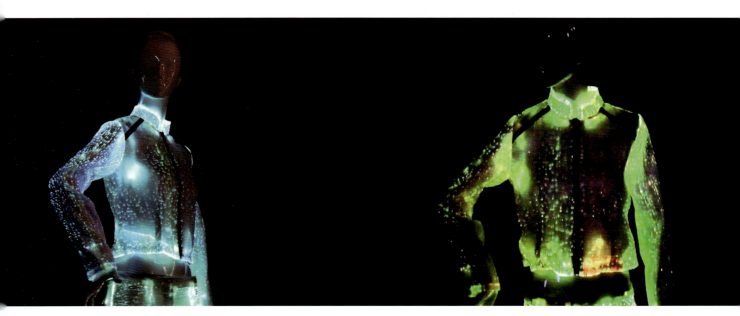

图1-18（1）　夜光面料夹克

夜可视的效果，同时还可以传达出运动者即将做出的动作信息，以提示后方车辆避免擦碰；还有根据温度可变色的温控面料，通过不同温度的作用可改变外观色彩，以达到警示的作用。

3）全息面料

运用智能纤维，全面感知人体的运动状况，做统计和相应的运动调节。例如美国诺贝尔纤维科技公司研发了一款智能纤维CIRCUITEX，可以全天候监控着装者的身体状况，可以收集着装者的呼吸和心率等数据来为患者只等医疗服务。又如SENSORIA公司研发生产的SENSORIA智能袜子、智能胸衣，其更精确地监测用户的进步数。原主要生产智能T恤的SENSORIA公司所开发的智能袜子，本身采用了具有压力传感器的面料，数据则发送至脚环上、并传输至智能手机应用中。在面料的智能化应用设计上堪称先锋。

另外，2013年2月，美国体育用品公司Under Armour揭开了新一代可穿戴设备Armour39的神秘面纱，这种设备可将触控屏植入到布料中，目前正处于应用研发阶段。Armour39其实就是一套运动表现监控系统，可测量出对运动员来说最重要的：意志力（WillPower）。WillPower是Under Armour的专有测量工具，用于考量运动员在训练中的毅力，共分为10个量级，可以测量心率、消耗的热量、过去的表现等数据。

（3）运动服装材料的发展趋势

1）运动服装材料的环保化

生活类运动服装面料设计"环保化"也是如今生活类运动服装面料研发的重要趋势之一。环保化运动服装在这里的定义是：运动服装所用原材料资源采用天然的纤维提取物，而且可再生、可重复利用；在生产和加工过程中对环境不会造成不利影响，印染时使用对人无害的化学剂、色素等；穿着时对消费者无害；甚至废弃后在自然条件下可降解，对自然环境没有污染。

新型运动服装环保面料的发展，迎合了消费者热爱环境、支持环保事业的理念，选择环保面料的运动服装，也成为消费者的理性需求。穿着时既能提高生活质量，又可确保人类的健康，同时保护生态环境，所以这将会是生活类运动服装开发的主流方向。如再生尼龙纤维和纱线的生产过程并运用在生活类运动服装上，可以保护地球的石油资源，减少二氧化碳污染及排放量，产品使用后还能循环利用。

2）面料后整理的多样化

专业运动服装为了保持各项运动参与者优良的体能状态，使运动者能够应对各种运动环境，多样的材料的后整理技术则成为改善材质性能的必要环节。当前，后整理技术在运动服装材料领域的发展非常广泛，通过技术及原材料等各方面因素的综合运用，使运动服装材料既能保留面料的舒适度和天然的手感，同时还具备应有的运动性能。

一般而言专业运动服装面料属特殊材质，但传统的面料通过后整理技术也能达到改变材质的性能的目的，通过一定技术手段使面料的厚度、硬度改变，使其触感舒适。例如使用三明治式的层压整理技术，将PTFE微孔膜与面料相黏合，使面料具备防水、透气性能。而当前大受欢迎的皮肤衣则使用超细纤维制成，在具有极细腻的手感的同时还具有抗菌、防紫外线、防虫等功能，并使这一类专业性的防护性能较好的户外运动服装在款式设计上与生活类时装特征相结合，适用于多种穿着场合，符合当前服装的设计发展需求。

3）辅料的多功能化

运动服装的辅料设计包括里料、填充料、黏合衬以及拉链、钮扣、绳带等连接件的设计。同面料设计一样，辅料的选择设计依然要遵循时尚与功能结合的特点。

运动服装中除少数衬衫、夏季速干T恤会采用钮扣设计外，一般都以便于穿脱的拉链、魔术贴进行连接固定。拉链有金属拉链、尼龙拉链和塑料拉链之分，拉链、拉头尺寸也有所不同。运动服装一般选用轻便耐用的塑料拉链，配合防滑尼龙绳拉尾使人们在运动过后手心出汗的情况下也方便拉开。绳带是常见于运动服装腰头、裤脚口、袖口、下摆、领围以及帽围等处的连接件，常采用有弹性的松紧带、罗纹带以及无弹性的布带、尼龙带等，但不管其有无弹性其共同目的都是起到收紧及少数的装饰作用。

（4）服装制造工艺的高科技化

无缝技艺、高定型塑造、数控裁剪机这些新型的缝制设备提高了剪裁的精度和速度，让生产变得自动化，也可以制作出更多流畅廓型，符合人体运动工学。

科学地对不同的运动进行分析，充分利用人体工程学原理，也使得运动服装可以设计成舒适又可提高运动成绩的高性能运动服。

（5）运动服装与高科技的结合

近年新开发的可穿戴电子技术在高端运动服中也有多种运用，它可以将各种功能与运动结合在一起，例如生理监测（运动员的心率、呼吸、体温等）、娱乐（音乐、游戏）、全球卫星定位（GPS）、运动监控或肌肉调节、通信等。如耐克（Nike）和苹果公司合作推出的"Nike+"产品，即在鞋中装入电子监测设备记录运动者的成绩，这个电子监测设备是接入iPod nano的。

2.运动服装的时尚化

（1）运动品牌的时尚化

在当今丰富多彩的服装市场上，年轻一代是运动服装消费的主体，其对时尚的追求促使运动服装设计愈加年轻化，更加追求舒适感，运动服装品牌愈加时尚化。同时消费层的多样化加速了休闲运动服装市场不断的发展和壮大。

1）运动品牌的时尚化拓展

目前众多国内外运动服装品牌都在发展时尚的生活类运动服装品牌。如2008年7月，阿迪达斯公司（Adidas）继推出经典三叶草（Adidas

Original）、Y-3（图1-19）和Adidas SLVR Label品牌（图1-20）后，又推出更为年轻化的、富有新鲜感的子品牌Adidas Style Essentials（图1-21），这些子品牌的设计定位及消费者定位都是热爱风尚的年轻顾客，灵感来源都结合当下年轻人的喜好与运动服装流行趋势，根据年轻消费族群的特定需求和想法进行设计创新。这几个子品牌使Adidas产品涵盖了从高复古装束到时髦运动等不同消费群的需求，同时也使得Adidas品牌价值得到了提升。

又如耐克公司先后开发了旗下品牌NIKE GOLF（图1-22）、NIKE360、NikeLab（图1-23）等更时尚的子品牌，在品牌代言人选择上，也从运动员为主转向邀请新锐超模 Karlie Kloss 合作（图1-24）。2014 年 10 月在纽约举办的一场时尚与运动相融合的视觉时装秀，就是由 Kloss 与巴西设计师Pedro Loureno 的合作成果。

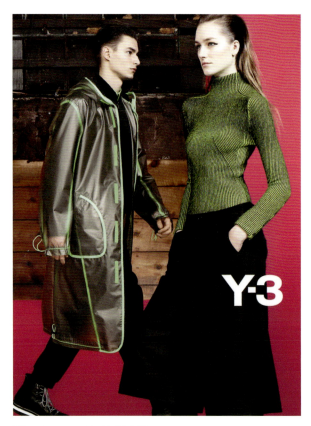

图1-19　Y-3 2013年秋冬装

图1-20（1）　Adidas SLVR 2012年秋冬装　　图1-20（2）　Adidas SLVR 2013年秋冬装　图1-20（3）　Adidas SLVR 2011年秋冬装

图1-21（1）　Adidas Style Essentials
的LOGO

图1-21（2）　Adidas Style
Essentials 有机棉T恤

图1-21（3）　Adidas Style Essen-
tials 2010年春夏装

图1-22（1）　Nike Golf 2015年款桶帽

图1-22（2）　Nike Golf T恤　　　　　　　　　　　　　　第一章　运动服装概述　　**13**

图1-23（1） NikeLab的LOGO

图1-23（2） NikeLab x JFS
2015年春季系列

图1-24（1） Karlie
Kloss代言Mike

图1-24（2） Karlie Kloss展现Nike X Pedro
Lourenço的作品

2）时尚品牌的运动风格拓展

一些国际时装品牌，如Chanel（图1-25）、Emporio Armani（图1-26）、Dolce&Gabbana（图1-27）、Z Zegna（图1-28）等也都以"款式更轻松、穿着更舒适"为设计路线推出带有运动风格的服装，它们在保留了其品牌设计风格的同时进行再设计，通过时装化的剪裁、运动元素与流行色彩的结合，同时还运用了轻柔的功能性面料、细节的装饰设计，充分展现了运动服装的运动魅力和时尚气息。

图1-26（1） Emporio Armani
2015年春夏运动主题男装

图1-26（2） Emporio
Armani 设计的运动服

图1-25 Chanel服装

图1-27（1）　Dolce&Gabbana2010年秋冬装

图1-27（2）　Dolce&Gabbana2013年春夏装

图1-27（3）　Dolce&Gabbana2013年春夏装

图1-27（4）　Dolce&Gabbana2013年春夏装

图1-28（2）　Z Zegna
2016年春夏装

图1-28（1）　Z Zegnas 2015年春夏装

图1-29（1） Rapha + Paul Smith
2011年合作款

图1-29（3） Rapha + Paul Smith俱乐部骑行衫

图1-29（2） Rapha + Paul Smith 骑行夹克

（2）运动服装设计的时尚化

专业类运动服装在满足功能性需求的前提下，也结合时尚流行元素以给人带来美的享受。近些年的奥运会、世界杯、世锦赛等赛场不仅仅是体育运动的竞技场，也可以说是世界各国运动服装的秀场，专业运动服装随着体育运动的发展而不断推陈出新，越来越时尚化。

1）时尚设计师为运动品牌带来新意

许多品牌与知名时尚设计师合作推出特别发行款专业运动服装，例如英国公路自行车服装品牌Rapha与Paul Smith合作设计的服装系列，款式时尚，功能细节设计巧妙（图1-29）。

品牌在设计专业运动服时都加强了设计的份量，不单单是功用上的考虑，还有对文化、对流行的融合，如2014Nike为法国足球队设计的队服，灵感来源于现代牛仔布（Denim）的发源地"尼姆城（Nimes）"，受尼姆城织物面料故事的启发，设计师把斜纹质地、经典牛仔布"45°角"斜纹传统以及精美的手工艺融为一体，衣领和侧边都带有牛仔布织边的风格。面积扩大的雄鸡设计，则再一次成为了法国民族自豪感的极致体现。精美的队徽被绣在心脏之上的位置以及每一位球员号码的下方。而法国国旗则出现在每件球衣的衣领内侧（图1-30）。

图1-30（1） Nike 为
2014年世界杯法国足
球队提供的队服

图1-30（2） Nike 为2014年世界杯法国足球队提供的队服

图1-31　装饰分割合体塑型的防风运动夹克

图1-32　李宁运动服装

2）时尚设计元素为运动品牌带来新风貌

现代运动服装设计的原则是"以人为本，追求服装的功能性和时尚感结合"。现代运动服装设计无论是外部造型还是内部结构都紧跟时尚，如收腰、贴体、低胸、露脐、吊带及层叠丰富的搭配等尽显其中，女装流行的A型、H型、S型、X型等外轮廓造型形式在运动服装的设计上也随处可见。在运动服装的内部结构设计上，时装设计中常见的各种省道转移、分割等设计手法也被巧妙地应用于运动服装的结构线和装饰分割线中，从而达到运动服装的合体塑型效果，并充分体现了运动者人体曲线之美（图1-31）。

代表运动服装特色的各种装饰线条也被巧妙地结合在省道的设计之中，从而将装饰与功能融为一体，使运动服装更加富有节奏感和运动感，并能更好地体现运动服装的时尚性和功能性，从而在运动中展示人体的性感、美感。如李宁的高腰节上衣和低腰裤的运动服装造型，大开口领与低领背心在领口处构成了视觉上的层次感（图1-32）。又如Adidas运动服装修身合体，腰部堆叠设计加上艺术风格的印花，尽显时尚（图1-33）。

图1-33（1）　Adidas印花篮球短裤

图1-33（2）　Adidas Originals x The Farm

另外，一些运动服装品牌还借鉴了立体剪裁的方式，来增加运动服装的视觉效果，如通过立体裁剪中褶皱处理等表现手法以达到更佳的塑型效果。还有在运动服装的领口、袖口及裤腿等处运用抽褶、分离、复叠、发射等构成方式，直观地塑造运动服装的速度感、现代感。如2014年春夏知名运动品牌Adidas与日本设计师山本耀司合作品牌Y-3的产品设计，上装霓虹色的T恤及下装裙装均采取抽褶、发射式的设计表现手法，完美地勾勒出了着装者的身材体型特征。Nikelab的一组服装将抽褶、发射状宽摆运用到设计中，时尚感、运动感兼具。Adidas Originals和Mary Katrantzou 合作的2015年网球系列装，不对称的折褶选用不同的面料制作，表现出现代感、速度感（图1-34）。

3. 运动服装设计的细节化

随着人体运动工程学研究的加深，由于人体不同部位在运动过程中的作用不同，需要运动服提供的性能也不同，所以高性能运动服的设计必然要细化到每个部位。例如Nike的快衣系列运动

图1-34（3） Adidas Originals 和 Mary Katrantzou 合作的2015年网球系列装

图1-34（1） Y-3
2014年春夏装

图1-34（2） Nikelab的一组设计

图1-35（1） Nike根据运动要求设计的运动服

图1-35（2） Nike 快衣系列短袖衫

服，根据人体运动时不同肌肉群的温度变化及风力的影响，手部用低摩擦力纤维，背部用一种大网眼材料，全身按体形分成29个部位，采用特别的热接合的无缝设计，以达到理想的降温增速的效果（图1-35）。

4. 运动服装的功能细分化

在运动服装不断被大众消费者接受的过程中，一部分专业化程度高的品牌在自身产品线的限制下，明确了自身的专业化发展方向，将消费群体确定为专业人士，许多运动品牌在保留运动的功能性的同时，将运动作为一种时尚生活理念进行更深层的推广。如2007年，世界著名品牌Gore-Tex全面推出了新的命名系统，说明了明显功能化细分的变化趋势。Gore-Tex从以往单一的名称改为ProShell、Performance Shell和Soft Shell3种名称，分别从防水透气和保暖两大功能方面有区别的针对专业和户外休闲的两大类人群。

5. 运动服装的专业化

为了更有效地提高运动成绩，根据各种运动项目的特点，在高性能运动服的设计开发中越来越强调专业化。

（1）短跑运动服

短跑运动中，百分之一秒对提高成绩都是至关重要的，如果运动服能提升运动员的起跑和冲刺能力，无疑对运动员获得好成绩起到巨大作用。Nike 短跑运动衣的设计就充分考虑了这些因素，采用紧身无袖运动衫和短裤，再配上专门的运动长裤和长袖，大幅度减少了空气的阻力。袜子和长衣袖的制作材料上布满凹陷的小坑，就像高尔夫球一样，这样能够减少风的阻力，与裸露的皮肤相比，长衣袖能减少19%的阻力，而袜子可以减少12.5%的阻力。因该运动衣的面料比皮肤更容易减少阻力，因此设计中提升了领口位置，切开袖扣以增加与胸部的覆盖面积，并将接缝转移到运动服的后背以减少阻力。此外，Nike

Swift采用弹力纤维及紧身设计，能够保持肌肉协调，防止了运动员在高速奔跑过程中手臂和腿部因的肌肉震动导致肌肉疲劳，提高了运动员的爆发力和持久性（图1-36）。

（2）长跑运动服

对于长跑来说，大量的汗液和热量会使运动员感觉不舒服，影响体育成绩。所以运动服必须能快速排汗、快速干燥和降低温度。Nike设计师埃迪·哈勃和里克·唐纳德设计的Nike长跑背心，衣料内里有一个个的突起使衣服材料与皮肤脱离，这样即使运动者汗流浃背也不会黏在身上（图1-37），而且这种面料的降温效果比一丝不挂还要好。有实验证明，负离子纺织品对于体力的大量损失起到缓解作用。利用人体的热能和人体运动与皮肤的摩擦能加速负离子的发射，从而使细胞活化、促进新陈代谢，净化血液、清除体内废物。这一功能可以有效地减除运动者体内乳酸的堆积，加快肌体的恢复。

（3）游泳运动服

科学研究表明，水的阻力大约是空气阻力的800倍，因此水中运动无疑会更加消耗体能。有效减少水的阻力将大大减少运动的不必要能量损失，提高运动成绩。Speed公司推出的第4代鲨鱼皮系列泳衣，名称为LZR Racer，由美国航天局研制的

图1-36（1）　Nike女子跑步紧身裤

图1-37　Nike 长跑运动服

图1-36（2）　Nike短跑运动服

LZR Pulse面料制成，具有极轻、低阻、防水和快干性能。泳衣的制作采用无缝设计，并在泳衣的胸部、腹部和大腿外侧加上了特别的镶条，令水流更舒畅地通过泳衣表面（图1-38）。此外，泳衣中覆盖在人体主要肌肉群上的部分面料使用了高弹力的特殊材质，强有力地压缩运动员的躯干与身体其他部位，降低肌肉与皮肤震动，帮助运动员节省能量、提高成绩。

（4）冰雪运动服

　　如果户外运动员遇到冰雪天气，穿着防寒防雨的高性能运动服无疑大大增加了野外的存活几率。日本运动衣公司制造的SolarA防寒服，采用含有碳化锆粒子的面料制成，能吸收太阳能并转换成热能，而且还可以根据湿度的变化来改变织物的空隙，大大提高了使用性能（图1-39）。

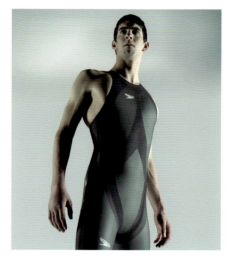

图1-38　Michael Phelps 穿着 Speedo LZR 比赛服

图1-39（1）滑雪服

图1-39（2）滑雪服

图1-40（1） 排球运动服

在大运动量的滑雪、登山等运动时，人体常常产生过量的代谢热，在许多环境下热量不能尽快散失，汗液会在服装中积累。美国某运动衣公司开发了一种层压织物，织物中有一层不透水的防水材料，这种面料既可阻挡任何湿气从外面潜入，又可以将汗水传送到外面，使穿着者保持干燥和舒适。

（5）球类运动服

球类运动具有耗能大、强度大、流汗多、时间长、技术性复杂、肢体运动幅度大等特点，所以球类运动服的设计要充分考虑人体运动的机能性和穿着舒适性。如排球运动服为长袖运动衣，虽然看上去不如短袖运动衣那样便于运动，但长袖运动衣有助于运动员在比赛中避免出现"连击"的现象（图1-40）。为沙排设计的服装使用了无缝拼接技术，并借鉴了田径比赛用服的创新设计，尽可能地减少后背和肩部的材料，使活动更自如，还加强了衣服前部的支撑力，后背部采用了网层面料增强透气性，保持背部干爽。

耐克公司为法国足球队设计的2015/2016年队服堪称现今运动服设计典范，白色球衣带有帮助球员保持清爽的透气区，和让球员自如运动且舒适的V型领。每一个队员的球衣都是量身定制，简洁修长贴身。球衣前侧带有Nike标志性的激光通风孔可以帮助运动者排出汗

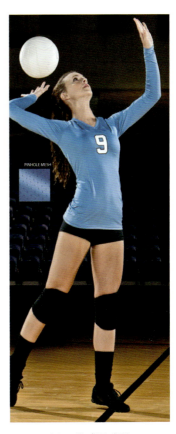

图1-40（2） 排球运动服

图1-41（1） 耐克公司2015年为法国足球队设计的队服

图1-41（2） 耐克公司2015年为法国足球队设计的队服

水，让球员保持清爽。耐克公司的Dri-FIT技术可以将湿气水分从皮肤表面吸收和排到球衣的外表，并快速地蒸发。在人体容易产生热量的关键部位，运动衣都有激光切割的孔眼以及精心设计的网格区域，以增加透气性和促进皮肤表面的空气流动。除了让球员保持干爽之外，耐克公司的设计师还通过综合运用纯棉和再生涤纶，创造出一种全新的双层针织面料，这种面料拥有良好的吸湿排汗性能，手感柔和，而且很塑身（图1-41）。

在设计制作中，设计师们对于世界顶尖球员使用了三维人体扫描技术，凭借获得的数据，设计师们能够识别并提高球服的贴身性，使得运动员的身体运动更加自然舒适。在一些配件如球袜上，耐克公司推出的专用球袜，质地光滑，是结合足球运动的特点专门制造的，在大脚趾和脚踝骨等冲击力较大的区域，都巧妙地设计了缓冲区域，以提供舒适性和保护功能，还能为足弓提供较大的支撑，防止打滑。在选材上选择能改善触感并减少重量和体积的材质。另外，在脚踝和脚面顶部，该款球袜还采用了花线凹槽设计，以防止袜子移位、走形、褶皱。

第二章　运动服装的特点

图2-1（1） 田径类运动服

图2-1（2） 田径类运动服

图2-1（3） 田径类运动服

一、运动服装的基本分类

1. 田径类运动服

运动员以穿背心、短裤为主。一般要求背心贴体，短裤易于跨步。有时为不影响运动员双腿大跨度动作，还在裤管两侧开衩或放出一定的宽松度。背心和短裤多采用针织物（图2-1）。

2. 球类运动服

通常以短裤配套头式上衣。球类运动服需放一定的宽松量。篮球运动员一般穿背心（图2-2），其他球类则多穿短袖上衣。足球运动衣习惯上采用 V 字领，排球、乒乓球、橄榄球、羽毛球、网球（图2-3）等运动衣则采用装领，网球运动中女子穿超短裙装（图2-4）。

图2-2　篮球运动服

图2-3（1）　网球运动服

图2-3（2）　网球运动服

图2-4（1）　女子超短裙网球运动服装

图2-4（2）　女子超短裙网球运动服装

图2-5（1） 比基尼泳装

图2-5（2） 前拉链一件式泳装

图2-5（3） 游泳裤

图2-6（1） 潜水服

图2-6（2） 潜水服装

3. 水上运动服

1）从事游泳、跳水、水球、滑水板、冲浪、潜泳等运动时，主要穿紧身游泳衣，又称泳装。男子穿三角短裤，女子穿连衣泳装或比基尼泳装（图2-5）。对游泳衣的基本要求是运动员在水下动作时不鼓涨兜水，减少水中阻力，因此宜用密度高、伸缩性好、布面光滑的弹力、锦纶、腈纶等化纤类针织物制作，并配戴塑料、橡胶类紧合兜帽式游泳帽。潜泳运动衣一般为连体服（图2-6），同时还配面罩、潜水眼镜、呼吸管、脚蹼等。

2）从事划船运动时，主要穿短裤、背心，以方便划动船桨，冬季穿有袖针织上衣（图2-7）。

3）摩托艇运动速度快，运动员除穿一般针织运动服外，往往还配穿透气性好的多孔橡胶服、涂胶雨衣及气袋式救生衣等（图2-8）。衣服颜色宜选用与海水对比鲜明的红、黄色，便于在比赛中易被看到。轻量级赛艇为防翻船，运动员还需穿吸水性好的毛质背心，吸水后背心重量约为3kg。

图2-7　划船运动服

图2-8　摩托艇运动服

图2-9　举重服

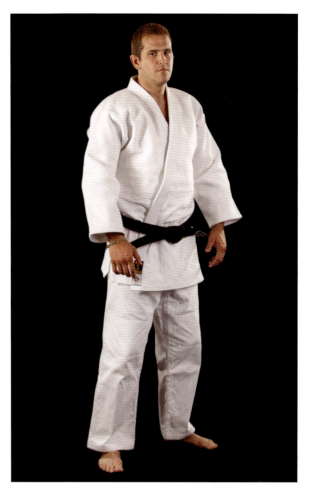

图2-10　柔道服

4. 举重服

举重比赛时运动员多穿厚实坚固的紧身针织背心或短袖上衣，配以背带短裤、腰束宽皮带。皮带宽度不宜超过12cm（图2-9）。

5. 摔跤服

摔跤服因摔跤项目不同而异。如蒙古式摔跤穿用皮制无袖短上衣，又称"褡裢"，不系襟，束腰带，下着长裤，或配护膝。柔道、空手道穿用传统中式白色斜襟衫，下着长至膝下的大口裤，系腰带（图2-10）。日本等国家还以腰带颜色区别柔道段位等级。相扑运动员习惯上赤裸全身，胯下只系一窄布条兜裆，束腰带。

6. 体操服

体操服在保证运动员技术发挥自如的前提下，要显示人体及其动作的优美。男子一般穿长裤配背心，并在裤管口装松紧带，也可穿连袜裤（图2-11）。女子穿针织紧身衣或连袜衣，并选用伸缩性能好、颜色鲜艳、有光泽的织物制作（图2-12）。

7. 冰上运动服

滑冰、滑雪的运动服要求保暖，并尽可能贴身合体，以减少空气阻力，适合快速运动。一般采用较厚实的保暖材料，多为连体服，头戴兜帽和防护镜（图2-13）。花样滑冰等比赛项目，更讲究运动服的款式和色彩。男子多穿紧身、潇洒的简便礼服；女子穿超短连衣裙及长统袜（图2-14）。

8. 登山服

竞技登山运动一般穿用柔软耐磨的毛织紧身衣裤，袖口、裤脚宜装松紧带，鞋子为有凸齿纹的胶底岩石鞋。探险性登山需穿保温性能好的羽绒服，并配羽绒帽、袜子、手套等。衣料采用鲜艳的红、黄、蓝等颜色，在冰雪中容易被识别（图2-15）。此外，探险性登山也可穿用腈纶制成的连帽式风雪衣，帽口、袖口和裤脚都可调节松紧，以达到防水、防风、保暖和保护内层衣服的目的。

登山服一般有三层：基本层、中间层和最外层。基本层需要通风性良好；中间层应能保持住聚集在衣服内的空气层，以达到隔绝外界冷空气与保持体温的效果，一般采用羽绒或拉绒；最外层服饰最重要的是需要具有防水、防风、保暖与透气功能，除了能够将外界恶劣气候对身体的影响

图2-11　体操服

图2-12　体操服

图2-13　滑雪服

图2-14　花样滑冰服

图2-15　登山服

降到最低之外，还要能够将身体产生的水气排出体外，避免让水蒸气凝聚于中间层，使得隔热效果降低而无法抵抗外在环境的低温或冷风。

攀岩也属于登山运动的一种，但相比之下也不完全相同。首先攀岩时要系上安全带，在攀登时不使用工具，仅靠手脚和身体的平衡向上运动，这种情况下身体的一些部位势必要和粗糙的岩面发生很多摩擦。在选择服装时要求服装在满足登山需要的同时，还必须保证服装的耐磨性能和关节部位的弹性较好。

9. 击剑服

击剑服首先要注重护体，其次需轻便。由白色击剑上衣、护面、手套、裤、长统袜和鞋配套组成（图2-16）。上衣一般用厚棉垫、皮革、硬塑料

图2-16　击剑服

和金属制成保护层，用以保护肩、胸、后背、腹部和身体右侧。按花剑、佩剑、重剑等不同剑种，运动服保护层的要求略有不同。花剑比赛的上衣，外层用金属丝缠绕并通电，一旦被剑刺中，电动裁判器即会亮灯；里层用锦纶织物绝缘，以防出汗导电；护面为面罩型，用高强度金属丝网制成，两耳垫软垫；下裤一般长及膝下几厘米，再套穿长统袜，裹住裤管。击剑服应尽量缩小体积，以减少被击中的机会。

10. 骑行运动服

　　骑行服的最大特点是注重保护性、贴身性和舒适性，一般用强度高，弹性、延伸性、耐磨性好，结实耐用的化纤面料，面料同时还需具有良好的透气性和排汗性，以便将大量汗液迅速排出，保持体表干燥，多为紧身上衣配骑行长裤或短裤，配骑行手套、骑行护腕之类的配件，冬天外加保暖的夹克（图2-17）。

　　为符合竞技自行车运动的比赛要求与比赛特点，运动员需穿着专业类竞技自行车运动服装和佩戴相关配饰。伴随着此项运动的发展变化，竞技自行车运动服饰设计也随之进行了改变与创新，其设计在款式上，以收腰、贴体的基本款式上下装为主，使用简洁的裁剪与分割，将服装设计中的省道转移巧妙运用，使服装充分贴合塑造运动员身形，减少骑行过程中产生的空气阻力，提高骑行速度与效率。在面料上，以高科技现代化新型面料为主，使服装在贴体塑型的基础上通风、透气、防水、快干，增强参赛者穿着的舒适性，提高比赛的效率与成绩。在配饰上，以竞技自行车比赛规定佩戴配饰为主，加强其防护安全性能，减轻其重量，同时具有一定的美观性和装饰性，增强美感。

11. 骑马服

　　对于马术运动，头盔、马靴和防护背心是最重要的安全保障。就服装功能而言，耐磨是马术服饰的第一要素。为马术特制的马靴、马裤、恰卜斯、马术手套等，凡所有与马匹或马具接触的部位，都需作特别处理，避免摩擦可能带来的伤害。如果进行长时间的骑乘，耐磨防磨性能尤显得重要。另一要素是不妨碍运动。因此上衣的肘部应活动自如，袖口紧口设计，而马裤的胯部要求有弹性或宽松。此外要合乎健康原则，夏季服装面料要利于吸汗、排汗，冬季则要保暖、防风、防水（图2-18）。

图2-17　骑行服

图2-18（1）　骑马服

图2-18（2）　骑马服

图2-19　瑜伽服

12. 健身服

　　在健身房运动是近年来颇受欢迎的健身方式，瑜伽尤其如此。瑜伽运动服装最重要的是要具有弹性和吸汗功能好，常见的是合体的圆领衫配宽松有弹性的长裤或7分裤（图2-19）。而做踏板操运动，上装最好是吸汗和排汗功能较好的运动短袖T恤或者短袖夹克，下装则建议穿有莱卡成分的运动裤（图2-20）。

图2-20（2）　Nike健身服

图2-20（1）　Adidas-Stella健身服

13. 钓鱼服

一般包括有钓鱼背心、涉水裤和夹克等。这类衣服一般都在前襟位置设置有多个外兜，以方便钓鱼者携带小物件（图2-21）。另外，人们钓鱼时，还同时需要携带用于装毛钩或者假饵、鱼线、坠、工具、相机等的钓具盒，将其放在外兜内或用挂钩将毛钩假饵固定盒挂在服装上。服装一般要求保暖、防风、防水。

图2-21　钓鱼服

14. 高尔夫运动服

高尔夫是人体力学所涉及的运动中最复杂的运动之一，其击球动作属于全身的整体运动，几乎需要全身肌肉和关节的运动才能完成，通过腰部发力，挥动双臂击球，双脚走完全程。尤其是挥杆，是一套集协调、力量、爆发力的完整动作，这就要求运动时穿着具有良好的运动机能性和舒适性的服装，这样的服装能够较大限度地适合人体的需要。虽然近年来高尔夫服装时装化的倾向越来越明显，但通常分为上衣和裤子两个主体，上衣多为长袖或短袖的马球衫为主要款式的运动衫，裤子（不论长短）是纯棉或纯毛的西裤（图2-22）。高尔夫服装必须具备两个要素，第一要素是服装不妨碍挥杆和推杆动作；第二要素是穿着合身舒适，衣料质地柔软，吸汗能力强。

图2-22　Adidas高尔夫运动服

15. 赛车运动服

赛车运动在高速中驾车，危险性很高，赛车运动服一般采用连体服（图2-23）。F1赛车服可以说是世界上最昂贵的运动服，由5层特制的防火材料——芳香族聚酰胺塑胶织物组成，其服装、袜子、手套、内衣和头盔的内衬都需要由防火材料制成。赛车发生事故时，除了机械损伤，对车手安全威胁最大的就是高温，因此制造赛车运动服的这些材料不仅是阻燃的，还能防止热量的传导和辐射，在火焰侵蚀下，衣服材料能够保障热量不向车手的身体传递。为了给赛手创造一个舒适的比赛环境，运动服不仅要阻燃，还要求透气性好，穿着舒适，最重要的是重量要轻，每套运动服的重量大约为1.25～1.5kg。在赛车运动服设计时，服装的膝、肘等部位需要增设防撞耐磨层，以保护选手的身体，同时要求面料有耐磨性。

图2-23（1）　F1赛车服

图2-23（2）　F1赛车服

图2-24（1） Adidas Originals印花T恤   图2-24（2）   Adidas色块T恤

二、运动服装的基本款式

1. T恤类服装

　　T恤是各类运动服装的基本，它可以是球类运动、田径运动的标准运动服装，也可以是登山运动、骑行运动的基本装。在第一次世界大战期间，欧洲士兵使用的是棉质内衣它轻巧舒适而美国士兵穿着羊毛制服大汗淋漓，因此，这种棉质汗衫在美国士兵之间马上成为抢手货，并因其简单的像T字的外轮廓而被称为T恤。第二次世界大战期间，T恤成为了美国陆军及海军的标准内衣。二战后T恤开始以外衣形式出现。约翰·韦恩、马龙·白兰度、詹姆士·狄恩都曾在全国电视节目上如此穿着过，公众当初对此大为惊讶，但到了1955年社会开始接受这种服装。詹姆士·狄恩在电影*Rebel Without A Cause*（无因的反抗）中的穿着，让T恤成为时尚的服装。

　　在运动品牌和时尚品牌中，T恤都是销售的基本款，也是畅销款（图2-24）。球队的标志性T恤会受到球迷的追捧，各俱乐部都会推出各自形象的T恤。许多赛事，如马拉松、健身跑等也以统一的T恤营造形象和气氛（图2-25）。

图2-25　学生马拉松赛事

2. 水上运动泳装

　　水上运动的特殊性，要求服装设计紧身，常见的泳装有一件式（图2-26）、两截式（图2-27）和三点式（比基尼）（图2-28）。最初的泳装紧贴身体，遮裹着身体的大部分。20世纪初男子泳装才开始穿不连上衣的短裤。第一次世界大战结束后，妇女穿的紧身连裤泳装在法国流行，其他泳装逐渐被淘汰（图2-29）。从1935年开始，女子开始穿由乳罩和短裤配成的两件一套的游泳衣。1947年，比基尼装开始流行，带动泳装向新的方向发展。现代泳装无论从色彩、款式、质料各方面都超越以往，形成了多色彩、多款型、高质量的泳装新潮流。一般多采用遇水不松垂、不鼓胀的纺织品制成。

图2-27　两截式泳装

　　专业用的竞技泳装通常花色较单一，款式上以背心连体式的单件装为主，简洁、明快，没有多余的装饰。在色彩上，以纯色和大块拼色为多，在市场上多见的是深蓝、黑色和白色等。其设计主要体现在功能和面料上，面料以高弹的莱卡氨纶和聚醋化合物交织而成，比普通的泳装更加紧身、有弹力，再加上款式的简洁，可以减少游泳时的阻力，提高运动成绩（图2-30）。

图2-26　Adidas一件式泳装

图2-28　三点式泳装

图2-30　Speedo专业竞技泳装

图2-29　1920年美国游泳服

图2-31　Northface运动套装

3. 运动套装

运动套装是运动服装的基本类型，根据不同的运动有不同的设计重点。运动套装由上下两部分服装组成，上装通常装拉链，最初是为参加赛事设计的，主要是穿在比赛服（如跑步服、泳装）外面，在比赛时可以很方便脱卸（图2–31）。运动套装也被称为热身服，或"热身"，因为他们的目的是为运动员在比赛之前或之后以及在休息时保持身体温暖，在寒冷的天气里尤其重要。在健身和日常运动中，也需要穿着运动套装，这种运动套装采用弹性面料。大部分运动套装用网眼布做衬里，可以直接贴身穿，许多人穿着这种运动套装做健身操。桑拿套装是一种特殊的运动套装，用尼龙、PVC防水面料制作，运动时更容易出汗，经常被用作减肥服。

在表现团队形象中，运动套装也有着不可替代的作用，参加重大比赛的运动员服装通常代表一个国家的形象。自2006年以来，著名的时装设计师们被邀请设计各国奥运代表队的运动员服装，例如，设计师劳伦（Ralph）设计了2010年冬季奥运会、2012年伦敦奥运会的美国运动服（图2–32），阿迪达斯公司曾邀请Stella McCartney设计了2012年伦敦奥运会英国国家队年所有比赛服装（图2–33）。

图2–32（1） 2010年美国冬奥会美国队服

图2–32（2） 2012年伦敦奥运会美国队服

图2–33（1） 2012年伦敦奥运Stella McDartney为英国队设计的比赛服装

图2–33（2） 2012年伦敦奥运Stella McDartney为英国队设计的比赛服装

图2–33（3） 2012年伦敦奥运Stella McDartney为英国队设计的比赛服装

运动套装曾几度成为流行的焦点，尤其在20世纪80年代中后期嘻哈街舞盛行的时代，闪亮的聚酯面料与色彩的独特组合使运动服装年轻感、时尚感倍增，运动套装成为年轻人的最爱，许多明星更把运动套装穿出了风格（图2-34）。

图2-34（1）　Beastie Boys把运动套装穿出了时尚感

图2-34（2）　运动套装表现1980年20世纪80年代的Hiphop风格

图2-34（3）　歌星把运动服装穿出了风格

图2-35（1） Dakine 2014 年男式滑雪夹克　　图2-35（2） Dakine 2014 年男式滑雪夹克　　图2-35（3） Norrona 2014 年户外夹克

4. 运动夹克

运动夹克主要指在户外运动时穿着的外套，也就是我们常说的冲锋衣（图2-35）。以尼龙为代表的多种合成纤维和新材料的应用，特别是特殊化学材料的运用，使得运动夹克在轻巧、防护各方面都有较大的改进。现在户外运动服流行的着装分层概念是无数登山运动员在高山攀登中摸索出的经验，在20世纪70年代逐步形成了排汗层、保温层和隔绝层构成的三层着装概念。除了舒适，户外运动夹克最重要的是能够帮助运动者发挥最佳竞技状态，包括吸湿性控制、温度调节、抗拉伸性、防风防雨性，以及抗摩擦性等。

5. 运动休闲西装

由于西装款式较为正式、合身，其肩部垫肩与袖子贴身裁剪不适合运动，通常被视为一种时装经典款式，很少被应用在运动服装中，因此在其他运动中很少看到西装款式的身影。但有些运动，如非竞技自行车运动，由于运动场地与运动时间的独特性，要求服装有很强的日常可穿性并具有运动功能，运动休闲西服极大地满足了这一

特殊要求而成为非竞技自行车运动的标准服装（图2-36）。非竞技自行车运动服装中的运动休闲服装款式与时装中西装款式相近，且更加运动休闲，色彩较为丰富，面料与普通西装不同，多采用具有防水、防风功能的高科技新型面料。同时在款式细节设计上较普通西装而言更加注重运动保护功能的发挥，如在领内运用反光材料，骑行时可将领翻起增强可视性效果；在衣身后片腰线处设计有隐形拉链开口的暗袋等。

图2-36　骑行休闲西装

6. 轻防风服

轻防风服（Softshell）是近几年运动服装中非常流行且重要的款式。Soft是柔软的意思，Shell直译为壳类，Softshell简单而言就是Soft与Shell两者的组合。Soft是相对于Hard而言，是要比Hard轻量级，这个轻量级一是在衣物材料上，绝大多数要比Hard材料柔软、有延展性；二是指其功能上的Soft，顶级Softshell多采用顶级防风材料，内部微绒，外表经过持久防水性处理，整衣具有一定的防水性能并且有优秀的防风、透气、保温性，防水性能弱于Goretex之类材料。同时，Softshell还必须具有Shell的特性，需要对身体进行全方位的保护，并且要有shell的功能性。所以Softshell绝大多数都自带帽子，并且有若干防水口袋，在易磨损的地方使用加强材料，并且具有各种调节功能（图2-37）。也就是说，除了一些极端情况，比如大雨，Softshell可以完全代替Hardshell的功能。其款式可休闲可运动，色彩丰富，常见以荧光色为主，面料是以摇粒绒与梭织面料黏合而成的复合面料，具有非常广泛的防风、透气、保温性，和较好的防水性。

图2-37（1） Kilpi Elison I轻防风服

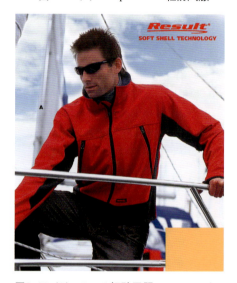

图2-37（2） Result轻防风服

7. 裤装

这类运动服装单品是指长裤或短裤，根据不同的运动特点，裤装的设计也有不同，有适合田径运动的短裤，也有注重保护人体的运动长裤，还有特殊运动需求的专业裤装，如滑雪裤（图2-38），其在寒冷的冰雪环境中穿着，在功能上要有保暖、防水的性能，在样板制作上，要符合滑雪的运动姿势，设计出前弯的版型来配合运动。

图2-38（1） Marmot 滑雪裤　　　图2-38（2） The North Face 滑雪裤

第三章　运动服装品牌

图3-1 (3) adidas Stella sport 2015春夏装

图3-1 Nike标志

国内外知名运动服装品牌

1. Nike（耐克）

（1）Nike 品牌概述

Nike是全球著名的运动服装品牌，深受全球运动者及运动服装爱好者欢迎。Nike商标图案是个小钩子，简洁流畅的符号性Logo代表了品牌的文化和精神内涵，急如闪电的小钩子（图3-1）一看就让人想到使用Nike体育用品后所产生的速度和爆发力，而且这种精神也被融入到了其设计风格中。

（2）Nike 品牌的建立

1964年1月，当时身为俄勒冈州大学田径运动员的菲利普·奈特（Philip Knight）和他的教练比尔·鲍尔曼（Bill Bowerman）创建了Nike的前身蓝丝带体育（Blue Ribbon Sports）公司，代销日本运动鞋品牌Onitsuka Tiger（鬼塚虎）。菲利普·耐特利用自己在运动界的关系，推销跑步鞋。20世纪70年代初，2位创始人决定开发并制造自主设计的鞋。他们把制作任务承包给低人力成本的亚洲工厂，并给这种鞋取名叫Nike，这是依照希腊胜利之神的名字取的。新Nike鞋的标识由波特兰州立大学（Portland State University）的图形设计学生卡罗琳·戴维森（Carolyn Davidson）设计，是"Swoosh"（意为"嗖的一声"）。Swoosh极为醒目、独特、有动感，也就是大家现在熟悉的耐克的那个勾形标志。以后的每件耐克公司制品上都有这个标记。1978年，蓝丝带体育公司正式更名为耐克公司。

（3）Nike 品牌的发展

Nike从创建初期就采取美国设计、海外生产的运作模式，是当时业界的创新之举，Nike也迅速成为运动鞋专业品牌。在20世纪80年代初，Nike受到头号竞争对手Reebok（锐步）的挑战，Reebok推出的设计新颖、势头强劲的运动鞋，成功地席卷了部份运动品市场，到1987年，Reebok已超过Nike，成为运动鞋新盟主。

在与Reebok的争霸战中，Nike意识到必须将原本的专业运动鞋概念，转移至更宽广的、"追求时尚"的年轻人的市场。Nike痛下决心投入了巨额经费在新产品的研发设计中，最脍炙人口的经典产品则是20世纪80年代末的The Nike Air Shoe（气体鞋）。这次不仅是单一的产品更新，在营销上，耐克公司也是不惜血本，以数百万美元礼聘NBA超级巨星迈克尔·乔丹为产品代言人，开展各项行销广告活动，创下了有史以来运动用品赞助价码最高，广告诉求则以Nike气体鞋与乔丹的形象和几近神乎其技的篮球绝活捆绑在一起。此后，Nike在市场上逐步地收复了失地。

继对迈克尔·乔丹的赞助活动之后，Nike又以天价签下了高尔夫球天王巨星老虎·伍兹，

1996年再与巴西足球队签下一纸10年2~4亿美元的合约，创下世界足坛赞助活动价码的最高历史记录。此后，Nike的钩形标志如影随形地出现在世界高尔夫大赛、1998年世界杯足球赛、2000年悉尼奥运会的电视转播中，Nike又成为了世界第一运动品牌。

1988年，广告人丹·维登（Dan Wieden）为Nike新一轮的广告创造了"Just Do It"（只管去做）这一响亮的口号，这个广告语被著名的《广告年代》杂志评为20世纪最棒的5条广告标语之一，这次Nike的广告案例也被记录入史密森学会的案例教程中。

在20世纪90年代，Nike继续全球扩张销售，

同时开始发展非鞋类运动用品，包括运动服和体育器材。近几年，Nike的运动服装产品开始趋向于时装化，比如创建Nike Sportswear系列（图3-2），不断地与时尚界品牌或者设计师合作，赢

图3-2（2）　Nike Sportswear运动服装

图3-2（1）　Nike Sportswear

得了全球体育爱好者的青睐。

Nike因为能充分掌握年轻人对运动休闲的需求，了解他们的生活形态与现实的心理渴望，并不断设计出有创意的新产品，加上传播诉求及促销活动也是新意叠出，一直都是创造消费趋势的领头羊。

（4）Nike品牌的设计综合分析

Nike产品最鲜明的特点是其个性化的设计，体育、表演中洒脱自由的运动员精神是Nike产品的设计核心，与众不同的线条、色彩与图案使得Nike的产品特别受到朝气蓬勃的青年一代的喜爱，正如Nike的广告语"Just Do It"所诠释的叛逆和我行我素的个性，Nike用色彩斑斓的产品点亮了体育迷的人生。

Nike运动服装的设计一直是运动潮流的风向标，是现代科技与时尚的完美结合。2014年，Nike曾推出与巴西设计师佩德·罗洛伦索（Pedro Lourenco）合作推出了逐渐展露女性对于奢华训练和运动性能装备的追求所需的运动服装。佩德·罗洛伦索选择了柔软美观并兼具优越性能的材料，采用20世纪60年代的剪裁技术，打造出一款橡胶夹克，该款运动服装科技感十足，网眼面料更利于汗水挥发，清爽舒适；反光的细节设计，增强了运动员在夜晚的可视性（图3-3）。佩德·罗洛伦索还在产品上打造功能美学细节。服装上采用从黑色到裸色渐变的元素，并在特定区域提高透气性；在经典Nike女子健身紧身裤上增加短裙，更突出了女性的形体美（图3-4）。

Nike品牌在产品设计中经常融入不同国家的风格，在2014年巴西世界杯正火热进行时，Nike就携手两位风格迥异的巴西艺术家——弗拉维奥·撒米勒（Flavio Samelo）及其太太杰伊勒·哈德逊（Jayelle Hudson）推出了三款限量版紧身裤以及女款Nike Roshe Run、Air Max 1运动鞋。虽然弗拉维奥·撒米勒和杰伊勒·哈德逊都擅长以摄影作品作为创作素材，但他们所选择的题材却截然不同。弗拉维奥·撒米勒倾心于建筑艺

图3-3　Nike Pedro Lourenco推出的一款橡胶夹克

图3-4（1）　Nike Pedro Lourenco渐变色裙装

图3-4（2）　Nike Pedro Lourenco紧身裤加短裙

术，杰伊勒·哈德逊更注重自然美。巴西那充满
活力的城市和近在咫尺的自然美景成为了他们理
想的摄影天堂，弗拉维奥·撒米勒和杰伊勒·哈
德逊以Nike女子紧身裤设计为基础，首次将两人
的艺术创意融于一件作品之中。每条紧身裤上的
花纹均融合了弗拉维奥·撒米勒的建筑构造和杰
伊勒·哈德逊的自然风光。当他们的艺术设计完
成后，Nike女子设计团队根据Nike运动研究实验
室提供的人体示意图进行裁制。人体示意图利用
运动者的身体数据，显示出她们的肌肉和冷热反
应区所在位置，然后将艺术设计策略性地印制在
紧身裤上，突出腿部区域，呈现出令人惊艳的时
尚感。Nike运用数码印染工艺将艺术完美展现在
产品上，该系列紧身裤不仅外观充满活力，其性
能也非同凡响（图3-5）。柔软的Nike Dri-Fit面
料能迅速吸收皮肤表面的汗液，保持腿部干爽舒
适。Nike Roshe Run与Air Max 1鞋款的鞋面设
计也充分体现出了两位艺术家的深厚造诣，深浅
不一的影像图案与醒目的荧光黄色内衬以及Nike
Swoosh Logo交相辉映，而典雅的黑白配色相互
映衬，呈现出了别样的美感（图3-6）。

　　与艺术家的合作使Nike的产品新鲜不
断，Nike曾携手日本艺术家金谷裕子（Yuko
Kanatani）以她自己的刺绣工作为灵感，将珠子、
饰片、糖果纸和丝带缝在织物上，为体现运动中
的身体曲线，金谷裕子联想到了马戏团、联想
到色彩丰富的奇妙环境以及充满动感与音乐的

图3-6　Nike Flavio Samelo

图3-5　Nike品牌Flavio
Samelo和Jayelle Hudson
设计的数码印紧身裤

世界，她利用彩色铅笔将这一想象栩栩如生地呈现出来。设计了Nike Tight of the Moment-Midnight Craftwork图案的限量版运动紧身裤，尽显动感身材（图3-7）。她的作品以讨喜的时尚气息凸显出运动员的肌肉线条和冷热反应区。限量版运动紧身裤将运动性能与艺术设计的交融提升至新层次，展现出了完美身材。这一系列实验性地采用了独树一帜的图案、色彩和创意，提升了运动性能与艺术相结合的层次。Nike Tight of the Moment-Magical Kaleidoscope产品包括Nike Pro紧身裤和Nike Pro运动胸衣，这种印花还出现在Nike Studio Wrap Pack训练鞋套装上。

图3-7（1） Nike 联手金谷裕子推出的运动服装

图3-7（2） Nike 联手金谷裕子推出的运动服装

图3-7（3） Nike 联手金谷裕子推出的运动服装

图3-8　Adidas标志　　　　　图3-10　Adidas标志　　　　　图3-10　Adidas标志

2. Adidas（阿迪达斯）

（1）Adidas 品牌概述

Adidas是德国运动品牌，是Adidas AG集团公司的成员公司品牌。一直出现在公众面前的Adidas的标志有三个，一个是阿迪达斯三条纹（图3-8）、一个是阿迪达斯三叶草（图3-9），还有一个是阿迪达斯三条杠（图3-10）。在运动用品的世界中，三条纹标志被称为"胜利的三条线"，代表了不断前进、不断超越的体育精神。而三叶草标志则以更为美观的形象来寓意延展到全世界的体育力量，也同时寄予自身品牌走向世界的愿景。2000年，阿迪达斯的经典广告语："Impossible is nothing"（没有不可能）成功地创造流行新话题，其也正是阿迪达斯的品牌精神。

（2）Adidas 品牌的建立

Adidas品牌的前身是一家在1920年于德国Herzogenaurach（赫佐格奥拉赫）开始生产鞋类产品的小厂。1948年，Adidas的创办人阿道夫·阿迪达斯勒（Adolf Adi Dassler）先生用他的中间名adi和姓氏Dassler的头三个字母组成"Adidas"作为商品品牌并申请注册；1949年8月18日以Adidas AG名字注册公司。1949年，三条纹的阿迪达斯Logo被应用到旗下各类商品中，成为最早的形象标志。

（3）Adidas 品牌的发展

Adidas的创始人阿道夫·阿迪达斯勒不仅是一位技术高超的制鞋者，同时也是一位运动家，他一直梦想能为运动员制作最合适的运动鞋，1920年，阿道夫·阿迪达斯勒先生创制了第一双训练用运动鞋。根据多年的制鞋经验，他发现在鞋侧加三条布条，可以支撑鞋面，同时更能契合运动员的脚形，许多人穿着阿道夫·阿迪达斯勒的运动鞋夺得了奥运会冠军（那时候还叫Dassler运动鞋），这标志性的三条纹逐渐被称为胜利三条纹，1949年三条纹开始成为Adidas的标志。

到了1972年，Adidas用三叶草标志逐步代替早期的三条纹标志，三叶草标志代表的是将三个大陆板块连接在一起——其形状如同地球立体三维的平面展开，与世界地图非常相似，三条纹贯穿在三叶草中，象征着延展到全世界的运动力量，这一极具象征性的更为美观的三叶草同时表达Adidas品牌走向世界的愿景。从1996年开始，三叶草标志被专门使用于经典系列产品（Adidas Original），选择阿迪达斯公司历史上最好的产品作为蓝本，对其面料和款式进行略微修改，专门为中高阶层运动爱好者以及鞋迷们量身打造。整个系列更趋时尚化，产品包括鞋、服装及包袋等附件。

在三叶草标志运用了十几年之后，也就是20世纪80年代末90年代初期，Adidas为了与Nike公

图3-11　Y-3 2014
秋冬男装

司竞争，也为了提升本身的运动时尚感，再次将其品牌最早的三条纹阿迪达斯Logo重新改造应用到产品中，成为阿迪达斯最为大众所熟知、同时价格也最为大众化的运动表现系列（Adidas Performance）。

随着时尚与运动的不断结合，Adidas开始推出顺应年轻、运动风尚的Adidas style。先后在2001年与世界顶级设计师山本耀司（Yohji Yamamoto）合作创立Y-3，其中的Y代表小本耀司，而3则代表Adidas三条线的标志。在2005年与Stella McCartney合作创立Adidas by Stella McCartney。还有由各明星代言，面向年轻消费者的Adidas Neo Label、Adidas Originals等子品牌。

Adidas的品牌发展一直是和奥林匹克运动密不可分的，从最早为参加阿姆斯特丹奥运会的运动员手工定制钉鞋与鞋具的1928年到现在，Adidas为全球运动员提供最具创新性的专业体育装备，帮助他们在竞技场上挑战并实现"不可能"，包括杰西·欧文斯、埃米尔·扎托倍克、威尔玛·鲁道夫、娜迪亚·科马内奇、及海尔·格布雷塞拉西等在内的奥运传奇人物均穿着阿迪达斯产品在人类运动历史上谱写了光辉而难忘的篇章。

Adidas在足球、篮球、板球、橄榄球、棒球、手球、田径、网球、拳击、游泳，以及最新潮的极限运动等运动项目中都占有一席之地，不仅提供专业的球具，也为许多球队提供球衣。

（4）Adidas 品牌的设计综合分析

从最早的专业制鞋发展成产品多元化的运动时尚品牌，Adidas的设计风格兼具时尚、运动型风格。从21世纪开始，Adidas品牌成功在潮界兴起，这多是Adidas style系列中名人合作版的功劳，Adidas集合世界各地出名的设计师将流行文化、运动及运动时装融合在一起，将三叶草的运动精神推向了时装T台，其宗旨是"庆祝创意"，并以全新方式表示三叶草所代表的独特价值观。

为人所熟悉的有与山本耀司合作的Y-3（图3-11），与Stella McCartney合作的Adidas by Stella McCartney（图3-12）、Porsche Design Sport，由各

明星代言、面向年轻消费者的Adidas Neo Label X（图3-13），由日本著名设计师仓石一树担当设计的Adidas Originals by Originals Collection短夹克（图3-14）及美国玩味时装大师Jeremy Scott合作的Adidas Originals Jeremy Scott的系列（图3-15），在他们笔下，Adidas的运动服各具风格，经典的运动服作全新演绎，绝对是潮人的不二之选。

专为活力少女度身打造的Adidas Stella Sport 2015春夏系列包括服装、鞋类和配饰，在运动背心、文胸和紧身裤的设计中配色独特，将活力运动与俏皮风格合二为一，大胆出位的品牌标识、充满爆发力的配色与新鲜别致的印花设计充满现代风格，面料选用极为舒适的速干面料，呈现给消费者的全套装备不仅能满足基础出街的需求，更能打造高调出彩的个性装扮（图3-16）。同时引入了多种运动性能科技，从健身房到城市街头都绝对百搭。

图3-13　Adidas Neo Label X
（赛琳娜·戈麦斯）2015年
春夏装

图3-12　Adidas by Stella
McCartney 运动服装

图3-14 Adidas Originals by Originals Couection短夹克

图3-15 Adidas Originals by Jeremy Scott-2013年春夏装

2014年与设计师玛丽·卡特兰佐（Mary Katrantzou）联手推出的Adidas Originals系列，将Mary Katrantzou擅长的数码印花表现得淋漓尽致，鲜明大胆的色彩结合丰富想象，使Adidas Originals跳脱原有运动思维（图3-17），设计包括卫衣、外套、裙子等单品，也包括运动鞋，Mary Katrantzou风格标志的配色，与数码印花演绎出Adidas Originals的前卫运动风。

图3-16（1） Adidas Stella Sport 2015年春夏装

图3-17 Adidas Originals X Mary Katrantzou 2014年运动服装

图3-18　Puma标志

图3-18　Puma广告

3. Puma（彪马）

（1）Puma品牌概述

　　Puma是德国著名运动品牌，产品包括运动鞋、运动服、手套、运动背包和手提包等配件。是年轻人最喜爱的运动服装品牌之一，近几年来更是成功地与知名设计师合作创办出了符合年轻人喜好的休闲运动系列，成为潮牌。

　　Puma中文译作彪马，意为美洲狮，其标志图案以奔跑飞速的猎豹为主，加上企业名称，跃起的猎豹在字母单词侧旁，表现出企业核心，超越自己，更快，更强（图3-18）。

（2）Puma品牌的建立

　　1924年鲁道夫·达斯勒（Rudolf Dassler）与弟弟阿道夫·阿迪达斯勒（Adolf Adi Dassler）合作成立达斯勒兄弟公司。1948年阿道夫·阿迪达斯勒将达斯勒兄弟公司更名为阿迪达斯公司，两兄弟从此分道扬镳，哥哥鲁道夫·达斯勒另成立了Puma公司，与Adidas的方向相同，都以生产体育用品为主，两人从此成为了竞争对手。1967年，由德国著名卡通画家卢茨 贝克斯（Lutz Backes）设计的美洲狮形象成为Puma的商标。

（3）Puma品牌的发展

　　从一家最初只生产运动鞋的德国小鞋厂，到今天在世界范围内具有第一线的号召力和影响力的公司，Puma的发展也是几经波折。在品牌成立之初，欧洲体育经济强盛，Puma和Adidas占据了体育市场的半边天。足球领域更是Puma的传统势力范围，Puma赞助了众多的世界杯球队，与贝利、马纳多纳、荷兰球星克鲁伊夫等的合作把Puma的声望带到巅峰。但进入20世纪80年代后，Puma逐渐变得因循守旧，运营视野固守于德国本土，过于专注单一的运动鞋品类，品牌形象变得保守而过时，亏损连年增加，濒临破产。1993年，前美国橄榄球运动员30岁的乔生·蔡特（Jochen Zeitz）被任命为Puma总裁和董事会主席，成为Puma发展中的一个转折点，乔生一上任就把品牌的个性化定为品牌的生存关键，在其带领下，Puma依靠创新的设计、限量发行、明星效应成为世界运动服装市场的"爆发性品牌"，Puma品牌变得时尚而前卫，从1993~2001年，Puma的营业额增长了近2倍。Puma的产品重新回归高档领域，成为潮人的最爱。2001年，Puma收购了瑞典的Tretorn，增加了高档休闲鞋、橡胶靴、网球等产品类别。从2002年开始，Puma进一步强化其独特的品牌定位，与侯赛因·卡拉扬（Hussein Chalayan）、亚历山大·马奎恩（Alexander McQueen）等多位设计大师合作，深化时尚运动形象。但2007年开始的金融危机，严重影响Puma高端定位产品的销售，极度挫伤了Puma的元气，2008年，Puma被法国PPR善意收购，继续时尚运动之路。2014年，Puma定下新的广告宣传"Forever Faster"，计划在体育和生活时尚用品上进一步拓展。

（4）Puma品牌的设计综合分析

Puma的设计注重革新、品味和时尚，更加突出了日常休闲和专业运动兼顾的特点。使得具有多样化需求的人，得到多功能的满足，它们不仅仅适用于特定的运动场合，更适合在日常生活中穿着，体现了Puma所倡导的——运动是一种生活态度的哲学。Puma主打的运动跑鞋及嘻哈涂鸦式的运动服装备是年轻人的最爱，在运动之余也能表现出独特的时尚诉求。

Puma的设计家们曾以旧的衬衫、裤子、领带和钱包作为原料来生产了一款名为"THRIFT"的运动鞋，与Puma另一款老式产品"TOP WINNER"很相似，但是特殊的材料和设计使之成为"有灵魂的运动鞋"，价值马上被提升到了另一个高度。这是Puma品牌设计中很经典的一个成功案列。

Puma联手英国知名设计师侯塞因·卡拉扬推出Urban Mobility系列，这个系列具有时髦的外型，符合都市人生活于城市中所需的方便性，设计理念不仅有Puma擅长的高科技运动概念，又有现实与理想碰撞的设计思维。2010年，侯塞因·卡拉扬用黑色和简洁大方的款式设计了一组运动休闲风格的服装（图3-19）；2011年的Urban Mobility服饰系列，侯塞因·卡拉扬以他最爱的科幻元素为题材，配以数字印刷技术，设

图3-19　Puma 的 Urban Mobility 系列2010运动服装

图3-20　Puma 的 Urban Mobility 系列 2011年运动服装

计出拥有极强迷惑感的T恤、风褛款等（图3-20）。另外，系列中还有一款将腰包及褛身结合的变种M-65军褛款，兼具玩味和实用性。

　　Puma的运动时尚风范在2011年春夏黑标系列中表现得淋漓尽致，由创意总监侯赛因·卡拉扬集齐旗下三大系列Puma by Mihara Yasuhiro、Puma by Alexander McQueen和Urban Mobility合力打造，主打轻薄、贴身、活力十足的着装体验，亮丽的色彩，轻盈的造型，将凌驾于运动感之上的时尚感诠释得十分出挑（图3-21）。

图3-21　Puma 黑标 2011年春夏运动服装

图3-22　Alexander McQueen为Puma 2009年秋冬所做的设计

图3-23　McQ by Alexander McQueen与Puma推出的2014年秋冬设计

　　另外Puma还与Alexander McQueen品牌合作推出时尚系列产品，这些产品系列都是结合运动、休闲、时尚为一体的生活类运动服装，深受年轻人喜爱。2009年秋冬季，Alexander McQueen以"拳击"这一代表力量的运动为主题，设计了一组超越外型、功能及设计的极限的服装，款式、颜色和材质的运用，均以拳击概念为出发点，以黑白两色为主，同时加入考虑人体工学的剪裁、拳击用的绷带，辅以层次感的轮廓，彰显出拳击的力道（图3-22）。

　　在Alexander McQueen离世后，Puma与品牌方继续着先锋时装与运动的撞击。2014年Puma宣布与Alexander McQueen旗下更具街头感的副线McQ合作推出胶囊系列，继续设计感的运动服装束。McQ擅于从全球的次文化领域当中汲取灵感，其系列服饰侧重为年轻群体发声，尤其盛赞艺术和音乐等群体丰富的实验精神与创造力。Puma则是一个具有丰富历史底蕴的知名运动品牌，一直以来从街头文化、音乐和时尚中汲取灵感。两者在运动性能和时尚潮流之间取得了最佳平衡点。2014年秋冬系列将Puma的运动与Alexander McQueen的暗黑奢华合二为一，同时融合了McQ设计中的叛逆精神和大胆的青年文化，表现出Puma创新的运动风格（图3-23）。

图3-24（1） FILA标志

图3-24（2） FILA广告

4. FILA（斐乐）

（1）FILA 品牌概述

FILA是著名的意大利运动品牌，也是世界前十位的运动品牌，主要从事网球、划雪、高尔夫、瑜珈、赛车等高雅运动相关产品的开发。主要品牌标志元素F字母极具创意，利用了美丽丰满的几何形图案，具有浓厚的艺术美感，与意大利悠久的艺术氛围相吻合，也与品牌的高雅品质相得益彰（图3-24）。

（2）FILA 品牌的建立

FILA前身为"Fratelli Fila"纺织公司，由FILA兄弟于1911年成立于意大利面料与纺织重镇贝拉（Biella），1923年这家由家族经营的小纺织厂开始扩张，改组为股份有限公司并更名比耶拉针织厂（Maglficio Biellese）。1942年与弗拉泰利·FILA（Fratelli Fila）合并。1973年在FILA时任董事总经理恩礼科·弗朗基（Enrico Franchey）的指导下，日本设计师伊信（Inobu）设计出FILA的"F-方框"商标，红、蓝两色代表了地中海阳光和海洋，这个商标一直沿用至今。

（3）FILA 品牌的发展

FILA的大发展是从20世纪70年代开始，当时公司建立了产品开发部门，开始多元化发展，并转向生产运动服饰，先后开发了高尔夫、网球、健身、瑜伽、跑步及滑雪系列运动服，最终奠定了世界著名运动品牌的中坚地位。

1974年FILA开始赞助瑞典网球运动员比约恩·博格（Björn Borg），博格因穿着FILA的经典细直条纹球衣连赢5届温网锦标赛而创造了传奇，他习惯穿着的直条纹网球衫，成为FILA经典线衫代表。而莱茵霍尔德·梅斯纳尔（Reinhold Messner）于1986年不用氧气补给成功独力登上珠穆朗玛峰，也是穿着由FILA特别设计的高科技登山服装。1985,FILA开始赞助美国网球公开赛，并在之后连续22年成为美网官方供应商。赞助体育赛事，签约顶级运动员逐渐使FILA发展成为世界知名的时尚运动品牌。

FILA的发展还曾受到音乐的推动，在20世纪80年代的饶舌音乐（现在称为旧学派嘻哈）中FILA服饰以及FILA这个词非常流行，Steady B的歌曲*Do the Fila*、Schoolly D的歌曲*Put your Fila's on*，都把Fila置入他们的歌名中，甚至乐队称为"Fila Fresh Crew"。而"Just-Ice"首张大碟*Back To The Old School*的封套也采用FILA的商标（图3-25）。这些都为FILA增加了艺术的气质。

（4）FILA品牌的设计综合分析

明快大胆的设计风格和卓尔不群的高雅气质使FILA在国际顶尖运动品牌中风韵独具。FILA率先将彩色条纹及管状针织品引入其网球服装，为产品注入时尚运动的基因，大胆运用色彩醒目的图案，让普通的运动服饰焕发出耐人寻味的艺术美感。FILA自始至终呈现的是一个经典、时尚、性感、高品质的意式形象，同时也追求简约之美，充满热情和活力。FILA的设计注重优雅的线条、精湛工艺和独特的面料，条纹、品牌专属红白蓝一直是主要的设计元素（图3-26）。

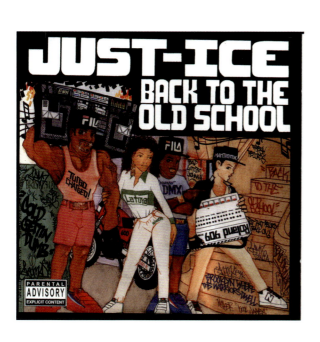

图3-25　"Just-Ice"首张大碟*Back To The Old School*

图3-26　Fila运动服装

图3-27　FILA 2010年秋冬运动服装　　　　　图3-28　FILA 2014年春夏运动服装

2011年FILA秋季系列，保留了20世纪70年代最流行的设计特色，并加入斜条纹设计，结合新的面料以及大胆的拼色，漆皮感的面料将FILA的经典三色演绎出时尚感，鲜亮的意大利蓝传达出浓浓的意大利风情（图3-27）。

2014年春夏装设计中，在FILA独有的意式时尚休闲理念中加入来自圣托里尼的灵感，实景印花图案——蔚蓝的爱琴海与圣托里尼日落的夕阳美景，鲜亮的橙黄、柔和的粉橘及粉黄等明亮活泼的色彩都被运用其中，品牌的条纹元素继续表现FILA百年意式休闲经典，同时与圣托里尼的海洋风情相辅相成，简约大气。修身裁剪和具备出众防水性与透气性的Gore-tex专利布料，可以适合各种场合穿着（图3-28）。

在2015年系列中，FILA携手知名设计师Ginny Hilfiger，开创了全新的Ginny Line，产品围绕品牌经典的红白蓝三色展开，款型线条简洁，宽条纹的网球衫以天蓝色为主体，清爽明快，红色为主体的棒球衫精致地加上蓝色镶拼，白色口袋，典型的的意式优雅，既可作为商务装，亦可作为休闲装（图3-29）。

图3-29　FILA 2015年春夏运动服装

5. Mizuno（美津浓）

（1）Mizuno 品牌概述

Mizuno是世界领先的运动品牌之一，是世界领先的运动器具、服装和鞋类生产商。专业运动是Mizuno的起源，也是Mizuno一直坚持的。Mizuno的Logo是三个行星轨道交织而成的形似一只奔跑的鸟的图案（图3-30），"Never Settle"超越无限是Mizuno坚持的品牌精神。

（2）Mizuno 品牌的建立

美津浓有限公司创立于1906年，那时，日本人刚刚开始接受体育竞赛。水野利八和弟弟利三于大阪市北区创立水野商店，除销售洋品，杂货之外也贩卖棒球等商品，1907年开始定制运动服装，以Mizuno品牌进行销售。1913年建立堂岛工厂，开始制造Mizuno品牌的棒球运动用品。

（3）Mizuno 品牌的发展

20世纪30年代，Mizuno成立了专门的试验室，开始着手生产本土的体育用品。二战之后，日本体育大发展，尤其是相扑和棒球运动，这给Mizuno带来了极好的市场环境，企业开始涉足更多的体育行业，包括滑雪、高尔夫球。20世纪70年代，Mizuno成为奥运会的官方供应商，签约了外国运动员，同时与美国职业棒球联盟合作，提高了品牌的全球知名度。进入20世纪80年代，Mizuno开始全球拓展市场，在美国、中国、泰国等地都开设分公司，业务迅速扩展。随着全球销售系统的布局完善，Mizuno的新产品开发速度也越来越快，许多有革命性改变的新产品，如Speedo鲨鱼皮低阻力泳装、Ice Touch吸汗速干纤维都受到空前的欢迎，Mizuno也成为世界领先的运动品牌。

（4）Mizuno 品牌的设计综合分析

简洁是Mizuno这个亚洲品牌最大的特点，从设计到营销，Mizuno像禅宗一样，坚持简洁的宗旨。即使在无回旋这个系列中用了紫色和霓虹黄，这款球鞋仍然可以当做是一款简洁的作品（图3-31）。

对于Neo和Monarcida这些轻量化的系列，一直坚持简洁的设计和走线，每一个细节都经典到极致，这些特点创造出了一些超出现代科技的魔力。带有经典的手工技艺让Mizuno处在一个高端的位置。即使在营销上Mizuno也是简洁为上，从来没有过专门的推广营销。

图3-30　Mizuno标志

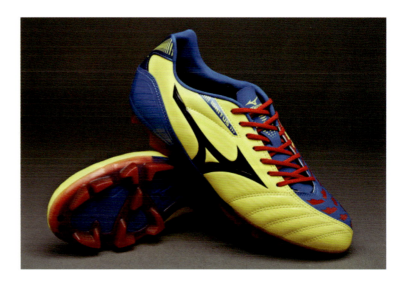

图3-31　Mizuno无回旋鞋

图3-32 Mizuno Wave Sayonara设计的球鞋

在Mizuno Wave Sayonara的设计中，颜色方面一改平日专业跑鞋的配色沉闷，通过新鲜的颜色搭配辅以经过精心设计的鞋面，有诗意的美感，清新静谧（图3-32）。

在运动服设计上，Mizuno也是注重精心的选材，高科技的功能面料加上细腻的做工保证品牌的品质高水准，配色永远就是单一的配色，完全没有其他品牌的花哨（图3-33）。

图3-33 EXID Mizuno Korea 2015年春夏设计

6. Umbro（茵宝）

（1）Umbro 品牌概述

Umbro是世界上著名的专业足球服装及装备供应商，其总部设于英国曼彻斯特。Umbro主要设计及销售足球相关的球衣、服饰、球鞋及各种用品，其产品在世界90多个国家发售。Umbro现在为英格兰国家足球队、英格兰足球总会及英格兰足总杯指定运动用品供应商。

Umbro的Logo是一个钻石双菱形图案，图形的棱角给人一种属于军队的硬度和规整感，而钻石的造型又凸显Umbro的名贵、厚重的质感（图3-34）。以人为本，追求卓越是茵宝的品牌经营理念，品牌将竞赛中的"赢"定义为"不是打败竞争对手，而是达成既定目标及超越"。

（2）Umbro 品牌的建立

1923年，英格兰足总杯决赛，对阵双方是博尔顿队和西汉姆联队，史称"白马决赛"。入场的球迷总数超过20万名。这场比赛象征着足球从一种流行的运动变为举国着迷的事情，小裁缝哈罗德·堪富利士（Harold Humphreys）从中看到了商机。1924年，他与他的兄弟华莱士（Wallace）在柴郡威姆斯洛创立了Umbro公司，他将量体裁衣的工艺引入了足坛，他称为运动服装。公司名称来源于Humphreys brothers（堪富利士兄弟），他们以英文名内的5个英文字母合并成Umbro，开始为英国5000多个足球队生产球服。

图3-34　Umbro标志

（3）Umbro 品牌的发展

1939年，第二次世界大战爆发，哈罗德·堪富利士说服政府允许Umbro在战争中为国效力，Umbro从生产足球运动服装转为生产军服、防毒面具罩，甚至是兰开斯特轰炸机的配件。1957年，Umbro开始和网球运动员及设计师泰迪·亭林（Teddy Tinling）合作生产运动服装，在之后的30年中，他几乎参与了所有的网球服装的创新设计，为20世纪50、60和70年代的温布尔顿网球赛女单冠军设计制作了网球裙。1986年，Umbro涉足足球鞋领域，Umbro在巴西生产了第一双足球鞋，标志着这家拥有63年历史的公司取得了重大发展。在此期间，Umbro迅速占领世界各地市场，尤其是在足球日益流行的国家和地区，如美国。

Umbro一直专注于设计生产能使运动员充分发挥运动潜能的服装，在1934年，就曾推出创新型Tangeru球衫，"Fricshunfree"短裤，为运动员提供无与伦比的支持，让身体移动更加灵活。21世纪初，Umbro推出革命性的Sportswool材料、XAI足球战靴技术和为国际比赛球队研制的首件双面球衣。

在Umbro的发展历程中，曾伴随多支绿茵豪强一起夺得世界杯殊荣，其中包括1966年世界杯冠军英格兰队，而同年亦是Umbro最辉煌的历史时刻，当时进入最后16强的队伍中就有15支球队穿着Umbro的球衣。Umbro是众多足球明星的赞助商，包括迈克尔·欧文、约翰·特里、巴里·弗格森、德科等众多一线足球明星！

2008年，全球最大运动鞋及服装制造商Nike宣布，同意以2.85亿英镑（约45亿港元），收购英国足球用品制造商Umbro。2012年10月24日，Nike以2.25亿美元的价格将旗下品牌Umbro出售给艾康尼斯品牌集团公司。

（4）Umbro 品牌的设计综合分析

发源于英国足球的Umbro产品设计并不是异常耀眼，但其凭借优秀的功能性和简洁的设计在体育领域备受肯定。服装设计中传承了英国古典的美感，还融入了英式的经典裁剪，从最早创始人提出的"定制足球运动服"，到注重领口、造型、制作的每一个细节，Umbro的服装一直代表了运动服装的顶级制作水平。

Umbro为英国足球队设计的队服都堪称经典，如2010年，由英国首屈一指的设计师彼得·萨维尔设计的Umbro球衣非常有特色，在设计中，加入了Umbro的创新理念——文化剪裁，在纯白的球衣上大胆加上了独特的红、蓝、绿、紫4色的圣乔治十字，改变英国传统的条纹设计，广受球迷喜爱（图3-35）。而这个取材于英国国旗的十字图案也是很英国的标志，文化味道十分浓厚。

2014年为埃弗顿主场设计的球衣，加入小立领的细节，突出英式的经典裁剪，品质不凡（图3-36）。

Umbro的鞋款设计也是经典有韵味。如图3-37的这款红色Umbro Milton帆布鞋，虽然色调只有以全红为主，但并不单调，白色鞋带和胶底与红色鞋身形成醒目的撞色，呈现出红白经典的衬色效果。而细节之处的刻画更体现创意亮点，在鞋带眼处居然使用了一款Umbro Logo的棱形孔作为点缀，简约之中不乏极富创造力的个性，实为一款街头风格浓郁的鞋款。

Umbro的Speciali系列一直被视为经典的英伦足球鞋，2015年的这个系列采用了粉红配色，整体的造型还是简洁而经典。与前几代作品一样，鞋面采用上乘的袋鼠皮，网格状走线视觉效果古典，粉红色的鞋身配以白色的Logo和蓝色大底，透着一股时尚感，又散发着淡淡的典雅气息（图3-38）。

图3-35　Umbro 2010 年英国足球队服

图3-36　Umbro2014
年埃弗顿队服

图3-37　Umbro Milton 帆布鞋

图3-38　Umbro的Speciali系列2015年款

7. Kappa（背靠背）

（1）Kappa 品牌概述

Kappa是运动品牌中的后起之秀，主要生产产品涉及的体育项目有足球、滑雪、板球、沙滩排球、曲棍球等16个项目。Kappa的产品主要为轻便运动和休闲而设计，包括服饰、鞋靴、包和配件，主力消费群位年龄为18至35岁青春及时尚的人士，生活及衣着都充满活力。

Kappa是希腊文字母第10字，Kappa的发音是Omini（双子）。品牌的Logo是一对男女模特剪影，这个充满浪漫色彩的人物标记传递出品牌的一种文化：相信男性和女性可以共同分享运动的乐趣，而且无论在场内或场外，男性和女性也应互相支持以达成目标（图3-39）。

Kappa的品牌理念一如它那句令人难忘的广告语"He who loves me follows me"，尤其赢得年轻时尚一族的认同。

（2）Kappa 品牌的建立

Kappa的前身是一家织袜企业，于1916年在意大利都灵成立。经过军需品、日用品多次的生产更迭以及扩张合并，1958年发展成意大利市场首屈一指的袜子和内衣生产商，同年诞生了K·Kappa商标。

图3-39 Kappa标志

（3）Kappa 品牌的发展

1968年，23岁的毛里齐奥·维塔利（Maurizio Vitale）继承了公司的管理权，充满激情的毛里齐奥·维塔利对传统运营模式进行了大胆革新，以敏锐的市场眼光和炽热的创业精神为企业文化带来众人瞩目的改观。当时中性化服装的理念开始萌芽，毛里齐奥·维塔利大胆推出两个新品牌"Robedi Kappa"及"Jesus Jeans"，这两个以潮流便服及牛仔裤为主要商品的品牌，配合着创新大胆的宣传手段，迅速取得空前成功。

1972年，品牌激进的广告摄影作品遭到意大利保守党派的抵制，却获得了国内生性叛逆的年轻人的大力支持——与广告中所表现的一样，他们穿牛仔裤如同第二层肌肤。

1978年，Robedi Kappa年轻的销售经理，意识到中性的着装风潮即将衰落，而年轻人以着装体现个性及崇尚自由的需求日益见长，这一点让毛里齐奥·维塔利决意开创一个全新的细分市场，即运动服装。公司通过赞助体育赛事，包括赞助意大利顶级球队，美国田径队等，将品牌推向国际。在赞助活动中，Kappa品牌所提供的使用创新面料、令人难忘的设计和代表品牌语言和品牌形象的产品起了关键性的作用，使得Kappa品牌的知名度得以迅速提升。另外，Kappa还积极进军娱乐行业，从音乐到电视，从电影院到常规庆典，对不同的娱乐行业进行了大量的有针对性的推广活动，不断领导和创造出流行的潮流。

1985年，与毛里齐奥·维塔利共事的马可·伯格莱（Marco Boglione）在原公司的大力支持下与朋友卢西亚诺·安托尼罗（Luciano Antonino）一起开创了一间足球运动产品专营公司。1993年，Kappa被一家大财团收购，并且获得时装名牌贝纳通（Benetton）财政上的全力支持，实力更加雄厚，成为欧洲第一大私人拥有运动产品集团，由马可·伯格莱再次接手经营，品牌开始启动了著名的"Basic Net"项目。1999年，成为FIGC意大利足球协

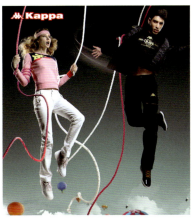

图3-40　Kappa 2008年春夏设计

会的科技赞助商。进入2000年，Kappa革命性地推出紧身弹性球衣给旗下赞助球队穿着，该款球衣风靡一时，Kappa开始成为最受运动员喜爱的品牌之一。

（4）Kappa 品牌的设计综合分析

Kappa的产品有着原汁原味的欧罗巴风情，性感奔放的足球气质，不断的创新使Kappa尽显运动、时尚、性感的设计风格。Kappa品牌注重对于现代年轻人心理的分析与需求，从服装、鞋到配件的设计都新颖独特。炫丽的色彩、修身的款型是Kappa的特色（图3-40）。

图3-40（1）　Kappa 2014年足球服

图3-40（2）　Kappa 2015年作品

如Kappa2014年系列单品，着重色彩的变换，大胆地使用黄色、红色、粉色的元素，使衣服看上去充满一种运动的活力（图3-41）。

2015年Kappa的设计回归经典复古，设计灵感取经于20世纪90年代的足球赛场，将球员队服上的代表号码与色块元素互相融合，配合连帽卫衣、棒球夹克等复古上衣款式进行呈现，将20世纪90年代的运动味道重新展示在如今的街头巷尾之中，让整个系列横溢着运动复古的街头风，如将尤文图斯队服的经典条纹用在设计中，细节上承袭了Kappa一贯的精致做工，简单的黑白也传递出激情、叛逆、张扬、先锋（图3-42）。

图3-41　Kappa 2014年设计

图3-42　Kappa 2015年设计

图3-43　Robe Di Kappa Logo

8. Robe Di Kappa（RDK）

（1）RDK 品牌概述

Robe di kappa与Kappa同属于意大利MCT集团，是一个纯正的时尚运动品牌，其曾经改变了一代人对运动服装的传统观念，Robe Di Kappa把"诠释运动的内涵"作为品牌的核心，呈现的是独立和自信的力量，自我挑战和镌刻在基因中的创新能量（图3-43）。

（2）RDK 品牌的发展

20世纪的60年代，诞生了许多划时代的事物：嬉皮士、迷你裙和休闲文化，Robe Di Kappa也应运而生。1968年，Kappa的掌门人，为Robe Di Kappa的未来确立了一种独到的气质：要改变世界吗？很简单，只管大胆、充满激情地去创想！20世纪80年代，"为成功而穿着"的思潮席卷全球，改变了整个世界的穿着观，品牌盛行一时，成为成功的代名词。在那10年，Robe Di Kappa在版型设计、面料和细节处理上，都进行了开拓性的创新和探索，使品牌品质得到大的发展。进入21世纪，强调先进技术的应用、设计的独创性和服装的实穿性，使Robe Di Kappa的风格日趋成熟，成为意大利著名的休闲运动时尚品牌。

（3）RDK 品牌的设计综合分析

RDK坚持以意大利人文精神为基础，加上对当今时尚与运动精神的洞察，将"有内涵的运动"融合在运动产品之中，用舒适的运动服装面料结合时装化的设计语言，打造出独特的产品风格。在设计中，RDK强调服装不仅是衣架的展品，更需要被体验，能够体现穿衣者优点，能够让穿衣者感觉舒适，于是材质、廓型、细节都显得格外重要，设计强调结构创新和线条、强烈的视觉冲击力、个性而不另类（图3-44）。

图3-44　Robe Di Kappa 2012年设计

图3-45　RobeDi Kappa-2011年春夏设计

Robe Di Kappa2011年春夏系列产品是对古罗马创世纪运动理想主义的超现实演绎。创意借鉴"创世纪"时期的经典完美姿态，持续RDK一贯精简风格，采用创新的科技面料，重新定义运动功能时装的传统细节。柔和塑像白以及古罗马浴池蓝打造出超现实的简洁流线型廓型，同时融入角斗士的肢体线条元素（图3-45）。

在2011年秋冬运动时装系列中，Robe Di Kappa将都市迁徙者精神融入到设计中，选用高级运动材质与精致的时装化设计元素，设计出低调、舒适且独具风格的产品。创意革新包括：时装化中性色彩的运用，更具独特性、品质性的面料运用，更隐秘、更符合人体工学的剪裁等（图3-46）。

"回归本质，减掉不必要的自我负担，用多元的视角，发现平凡世界的美好，重塑我们的内心世界"。是Robe Di Kappa 2012年春夏季的主题，这季Robe Di Kappa无论是男装

图3-46　RobeDi Kappa 2011年秋冬设计

图3-47　RobeDi Kappa 2012春夏设计

还是女装都采用简约与低调的设计手法，运用了大量的明亮色彩、经典黑白，裸灰色系中加入体现趋势的点缀色，春季主打阳光暖色系，夏季主打冰澈凌感冷色系，打造舒适放松感的都市装扮，带来运动与时装的碰撞，诠释独特的运动时装（图3-47）。

2012年秋冬系列质感不过分华丽，但高级而优雅，设计不哗众取宠，但依然与众不同，以此向消费者传达Robe Di Kappa 2012年秋冬想要表达的内在声音——"重塑心世界"，倡导人们在充满矛盾未知的当下世界中审视自己的内心，发现自己那生动且充满能量的内心世界，用一种冷静，充满思辨精神的价值观思考生存与未来（图3-48）。

图3-48　RobeDi Kappa 2012年秋冬设计

ROBE DI KAPPA

图3-49　Robe Di Kappa 2014年春夏设计

RDK 2014春夏系列运用果冻色系，将未来主义的概念融化在色彩之中，高明度低色度的色彩有着清晰靓丽多光泽度的鲜明特点，可以营造出科技风格的数码光泽感。RDK在设计中加入度假的创意，休闲装也设计出时尚感，结合几何建筑美学营造出强势未来感（图3-49）。

9. Under Armour（安德玛）

（1）Under Armour 品牌概述

Under Armour是一个从专业体育领域和健身房里起家的美国体育运动服装备品牌，以速干紧身衣出名。如其品牌名称"藏身于盔甲之下"一样，Under Armour经常用不寻常的表现手法打造出让人眼前一亮的产品，其产品涵盖各运动领域。

Under Armour推崇美式硬派、强力、竞技的形象，坚持"To make all athletes better"（让运动者更强）的品牌精神。两个大U字正反放置形成的Logo充满力量，彰显出品牌的强壮、运动感（图3-50）。

（2）Under Armour 品牌的发展

Under Armour成立于1996年，公司总部在巴尔地摩，创办者是前马里兰足球明星凯文·普朗克（Kevin Plank）。由于厌倦了那种运动完身上棉制T恤被汗水浸湿的痛苦感觉，Kevin Plank研制了一种能让运动员在剧烈运动中保持身体清爽和轻盈的材料。他从大学校园球队着手，先把产品推销给美国大学的球队，独特的排汗功能使Under Armour成为了运动员最喜爱的产品。愈来愈多运动爱好者对Under Armour的机能性T-shirt爱不释手。奠定了Under Armour以专业机能服饰成名的品牌形象。

为巩固市场地位，与其他运动品牌有显着区别，凯文·普朗来从Under Armour在创立之初，就全心投注在机能服饰的开发上，对每一件产品的功能性进行改革，推出针对高于24℃酷热天气时着重散热性的Heat Gear和低于12℃时着重保持热力的Cold Gear系列，也有适合在12~24℃之间的全季装备，可以在不同温度环

图3-50　UA-9-Logo

图3-51（1） Under Armour冷装备

图3-51（2） Under Armour热装备

图3-51（3） NBA 球星Stephen Curry 代言Under Armour 产品

境中调节体温，让身体保持干爽、轻盈，呈现最佳状态（图3-51）。由于专注使用者的舒适度，Under Armour成为了功能性运动服市场中增长最快的品牌，掀起了以吸汗涤纶为材料的体育装备潮流。

当然，业绩蒸蒸日上的Under Armour不会局限于单一产品，Under Armour将这些具备强大功能性的运动衣拓展到其他领域，针对不同的运动项目、气候，量身打造不同功能的产品，例如雪地服、赛马服、韵律有氧服等，除了这些运动衣外，也研究设计了其他运动服装备，包括击剑防护手套、拳击短裤、腕带、旅行包，甚至还有运动牙套。2006年又推出专为女性身材线条而设计的运动上衣，使这个年轻品牌往前迈进了一大步（图3-52）。

在需求最大的运动鞋方面，Under Armour当然也不会缺席，2005年Under Armour开始涉足运动鞋领域，高科技材料的运用仍是Under Armour的法宝，充满机能的速度感，有如生化结构般流动的鞋面让人过目不忘。

当其他品牌为了扩展市场，纷纷往休闲方向靠拢时，UA从敦实专业运动市场入手，做特色产品，做到最专业，再延伸发展，业绩增长显著，到2014年已超越了Adidas成为全美第二大运动品牌。

图3-52   Under Armour背心

图3-52   美国芭蕾舞艺术家 Misty Copeland 代言Under Armour产品

图3-53　UA-7-球鞋

图3-54（1）　Under Armour 男式紧身衫

（3）Under Armour 品牌的设计综合分析

作为后来者的美国品牌，Under Armour的设计风格强壮、运动、简约，造型为流线型，黑体Logo加上明亮的颜色，激进、大胆、炫酷，颇受年轻人追捧。在足球鞋的设计上最为明显，如Blur Carbon III系列就不同于常规球鞋的外形设计，鞋身采用镜面合成材料，在夜场灯光和晴天阳光下会显得格外耀眼，银色与红色、绿色的撞色搭配透着一股浓浓的美式风（图3-53）。鞋舌和鞋面采用一体化的设计，鞋带孔直接在鞋面上开口，尽量简化鞋面结构。

在Under Armour的服装中不容易找到流行的痕迹，只有完美的线条设计，如2015年运动T恤的设计，分割线成为自然的装饰线，流畅而富于运动感（图3-54）。

图3-54（2）　Under Armour 2015年男式短袖衫

图3-54（3）　Under armour男式运动衣

10. Buff（巴夫）

（1）Buff 品牌概述

Buff品牌来自于西班牙，早期是世界第一的无接缝多功能魔术运动头巾品牌，后经过不断发展扩大产品体系，如今已发展成为欧洲一线户外运动品牌。Buff认为"Flat is Boring!"怯于表现自我，会让你无趣地原地打转！所以，Buff的设计鲜艳而精彩，一直创造着不可思议的魔幻，传递着对自然的热爱（图3-55）。

图3-55　Buff标志

（2）Buff 品牌的发展

1990年，家族经营纺织业的乔安·洛哈斯（Joan Rojas）遇到行业不景气，营收渐渐下滑，热爱越野骑车的Joan Rojas暂别工作，与他的朋友展开西班牙南部骑乘之旅。旅行中，Joan Rojas无意中将用不着的军服裤管剪下来套在脖子上，结果却发现可以防止骑车时风沙侵袭口鼻，同时保持脖子和胸口的温暖。这个独特的体验给了他一个灵感，开始着手为骑行者设计管状的头巾，利用家族的纺织技术设备，通过对多种面料进行测试，他最终确定采用一种柔软、极具弹性的聚酯超细纤维制作头巾，此后，他进一步帮助设备供应商发明了一种环绕桶状无接缝机，避免了在极限运动时由接缝可能造成的皮肤刮伤。

1992年，第一组产品系列正式亮相，并拓展至滑雪市场，3年后，开始大量生产并外销至法国、德国与瑞士；此后，Buff成为全球魔术头巾的领导品牌，营销全球60多个国家。Buff在头巾的设计和营销上做足了文章，每季推出超过200种款式与花色、十多种的变化打法，曾与国家地理频道National Geographic Channel、Hello Kitty等合作，开发了许多授权花色，还与西班牙艺术家合作推出幽默的手绘卡通"kukuxumusu"（酷酷羊）系列，以及世界摩托车大赛（Moto GP）官方正式授权的头巾，增添了产品线的丰富性，使Buff成为时下最流行的头巾饰品。

随着头巾的声名雀起，Buff也开始进军户外服市场，从2008年起开始尝试服装领域的研发和生产。Buff将高科技面料技术、欧洲时装剪裁设计、时尚元素与户外概念完美融合，并延续Buff头巾特点与二十年来成功经验，独特的品牌特点使Buff迅速赢得世界各国消费者的好评，目前产品已经包括跑步、骑行和户外登山系列。

（3）Buff 品牌的设计综合分析

Buff品牌的特点就在于产品图案的千变万化，其头巾产品每条都是一件艺术品，承载着最时尚的原创设计，汇集了世界上最先进的技术和面料，代表着健康、激情与活力，以及每一位Buff使用者对生活、自然的热爱和对行走的渴望（图3-56）。

与多数户外运动品牌的单调、保守不同，Buff户外的服饰也保留了头巾的特点，色彩明亮，产品图案充满童趣和幽默感（图3-57）。

图3-57所示Buff骑行服，迎合了户外自行车越野运动、徒步旅行，甚至户外登山等多种运动的需求，上衣前面为全开拉链设计，穿脱更加方便，功能性弹性面料为整件上衣提供支持，具有透气、速干的效果。插肩袖式设计让整体款式更加富有动感。图案印花对这一版型起了关键性作用，Buff运用黑白细线渐变构成的几何图形，穿

图3-56（1） Buff 头巾   图3-56（2） Buff 头巾

图3-56（3） Buff 头巾   图3-56（4） Buff 荧光抽绳   图3-56（5） Buff 荧光抽绳

图3-57（1） Buff 骑行服   图3-57（2） Buff 夹克

图3-58　Buff 骑行服

插极少的红色线条，再加上醒目的黄色搭配，既有一定的视觉冲击力，同时又显得稳重大方，适合各个年龄层的户外运动爱好者穿着（图3-58）。

11. Arc'teryx（始祖鸟）

（1）Arc'teryx 品牌概述

全球领导型的户外品牌，同时也是世界公认的户外奢侈品。该品牌1989年创立于加拿大，在服装和背包领域有着不错的产品。Arc'teryx的产品线今天依然只涉及户外服装、背包和攀登护具。

Arc'teryx的名字和商标图案来自于人类所知最早的鸟类生物Archaeopteryx，即始祖鸟，图案形象基于1880年前后于柏林发现的"HMN1880柏林标本"，迄今最完整的始祖鸟化石（图3-59）。因此Arc'teryx品牌中文一般称作"始祖鸟"，俗称"鸟""小鸟"，或"加拿大鸟"，以区别于另一个使用鸟类图案商标的美国品牌Osprey（美国鸟）。

（2）Arc'teryx 品牌的发展

Arc'teryx的前身叫RockSolid，由戴夫·莱恩（Dave Lane）和杰瑞米·瓜德（Jeremy Guard）创建，最早的产品是攀登装备——使用热压合技术设计和生产的安全带，该产品也成为Arc'teryx最畅销的产品之一。公司运营的第二年，伴随公司的扩建，Arc'teryx推出了采用同样技术的Bora系列背包。1996年Arc'teryx获得了WLGore公司使用Gore-Tex织物的授权，开始生产其崭新的户外服装系列。

由于对新材料、新技术和新工艺近乎疯狂的追求，对产品设计的精益求精和对做工的不惜工本，Arc'teryx迅速被公认为最高端的户外品牌之一，同时也带来了不菲的售价。其服装系列最畅销的产品包括ThetaSV及GammaMX夹克，Arc'teryx的设计也获得了背包客（Backpacker），户外

图3-59　Arcteryx-1-Logo

（Outside），攀岩（Climbing），男人杂志（Men'sJournal）等专业户外杂志的众多奖项。

Arc'teryx绝大部分产品属于户外服装中较高端的产品，目前的Arc'teryx部分产品已经有所改观，相对低端的一些服装已经开始在中国、越南等地生产，以降低相应的生产成本，但是不改变其对质量的苛刻追求。

（3）Arc'teryx 品牌的设计综合分析

Arc'teryx不仅技术含量超群，其产品的设计也不落后于他人。尤其在色彩设计上很成功，始祖鸟的上衣，无论是外套、中间层还是贴身层，几乎每款都有3~5种颜色供选择，有的款甚至多达7种颜色（图3-60）。而绝大多数款式又会以无彩色和多种有彩色组合，这为有意购买的顾客提供了更多可供选择的选项。其裤子的色彩不像上衣那样用很多鲜艳的亮色，主要是以黑色、灰色和驼色为主，间或搭配一些明度较低的有彩色。因为按照普通服装的消费规律，黑色、灰色，以及其他的深色是最受消费者欢迎

图3-60（1） Arc'teryx的产品

FORTREZ HOODY
WARMEST MID LAYER IN
THE ASCENT COLLECTION

图3-60（2） Arcteryx2013
年秋冬设计

图3-61　Arc'teryx 男式 Alpha SV 夹克

的裤子色彩，而这里虽是户外运动服装的裤子，但只要有上衣的颜色起到户外运动服装色彩的主要功能之后，为了美观起见，深色的裤子搭配亮色的上衣更合适。

Arc'teryx的设计注重细节，但也不失户外服装的粗犷个性，如采用历经5年开发的全新Gore-Tex面料设计的Alpha SV夹克，首先创新的面料保证了卓越的耐磨损性能和柔顺质感，同时又具有防水、透气性能，还在轻量化上提升了10%。款式上保持Alpha SV系列经典的细节设计，如传统风箱式跨界口袋、兼容防风面罩和可脱卸的里衬，缩小了胸围尺寸，从而使臂膀运动变得更加高效和轻松，从而实现了良好的运动功能体验（图3-61）。

对于Arc'teryx来说，最出彩的当然是服装系列，无论是Hardshell（硬壳）还是Softshell（软壳），几乎件件都可以用艺术品来形容，而且服装的功能完善，细节出色，给户外使用者带来最快乐和本质的户外体验。如图3-62所示的滑雪裤是Arc'teryx滑雪系列2013年秋冬新款。此款适用于单板或双板滑雪，采用两层式设计，外层Gore-Tex面料专为持续中低强度的运动设计，具有良好的透气耐用性以及全方位的防水性能，内层结合抓绒法兰绒衬具有良好的保暖性，款式上采用运动式剪裁，侧面加置两个拉链，可有效透气排汗，腰带处配有带暗扣的门襟设计，可调节腰带和腰带环。裤脚处采用面料加固，防止运动磨损同时实现色彩拼接效果。深钻蓝色沉稳大方，适合各年龄层男士，同时与滑雪场环境色反差较大，具有一定的易辨识性。

图3-62　Arc'teryx Gore-Tex® 滑雪裤

　　为迎合户外运动服产品轻量化的发展趋势，Arc'teryx在设计细节上做了许多改进，如2013年春夏主推的攀登系列中一款女士超轻冲锋夹克，款式设计上采用热压无针脚收腰式设计，衣长及臀，加长型后摆，运用3D人体仿生学剪裁预成型肘部，最大限度地满足运动者的活动自由度，穿着更加舒适，与人体贴合度更高，而且尽显女性玲珑曲线与优雅风姿。此款服装细节设计上最为出众的是帽子设计，兼容了头盔的一体化带帽檐的防风帽兜设计，加强了边缘，有效防止攀岩登山时不幸摔倒造成的头部伤害。支持单手调节帽带松紧，以便获得最大的视野，脖子处的帽子调节抽绳更方便，加绒的软领设计让颈部活动更加方便，两个口袋以及腋下均安装热压防水拉链，方便随时随地通风透气，而且让活动更无束缚感。色彩设计上采用酸性柠檬黄色以及石英紫色，紧跟2013年秋冬女装流行色趋势（图3-63）。采用先进的Gore-Tex Paclite面料，此款面料在两层Gore-Tex布料内层加上独特的小圆点保护薄膜，不需要再加内里，是Gore-Tex家族里最轻便、最易携带，同时具有出色的耐用性以及优异的防水透气性的一款面料。这样的设计给热爱攀登的女性提供了全天候的防护，不仅便携而且方便收纳，十分适合远途旅行徒步中使用。

图3-63 Arc'teryx **女式** 2013**年春夏** Alpha SL **夹克**

12. Columbia（哥伦比亚）

（1）Columbia 品牌概述

Columbia是世界领先的户外服装品牌，它现在的产品包括各种类型的户外服装及其他户外运动用品，如徒步、登山、滑雪、骑行等户外运动的相关用品及服装（图3-64）。

Columbia的名字起源于品牌的发源地：美国波特兰洲的Columbia River（哥伦比亚河）。Columbia致力透过它的产品传递它的品牌精髓：物有所值（Value）、美国文化（Americanized）、向往户外生活（Outdoor）、有活力（Active）及有信誉（Authenticity）。

（2）Columbia 品牌的发展

1938年，从德国移居到美国的格特鲁德·波义耳（Gertrude Boyle）与丈夫妇在Portland（波特兰）买下了当地的一个帽厂，更名为Columbia公司，此地经常下雨，故早年的Columbia主要是生产雨衣、雨帽。1970年，丈夫尼尔（Neal）因心脏病去世，原是家庭主妇的格特鲁德·波义耳上任主持大局，凭着她坚忍不拔的毅力和决断力，终令濒临绝境的公司转亏为盈，格特鲁德·波义耳亲自代言Columbia广告，充分展现出品牌"坚毅不屈、勇于挑战"的发展理念。现在，公司由提米·波义耳（Tim Boyle）担任CEO。

在Columbia品牌的发展中，创新是最大的法宝，1982年，品牌率先提出三合一的新概念，

外套拉链处的3点连接三合一系统，实现了外套与内胆的便捷脱卸、组合，可轻松应对气候变化，Bugaboo Parka外套一推出，就受到消费者的追捧，成为了公司发展的转折点，至1993年公司已经售出了超过100万件该款外套，这一设计至今仍是户外装的标准设计。

1991年Columbia经过对面料的不断努力研究和创新，研发了全天候户外科技专利布料Omni-Tech，该面料具有强大防风防水的功能，可使户外运动者在恶劣气候下得到全方位的保护，不论是雨中还是雪地中操作，都能轻松应付。随后Columbia陆续开发出速干布料（Omni-Dry）面料，该面料能帮助运动者在运动排汗后迅速挥发水分，保持干爽自如。

这一系列高科技面料的开发，使Columbia成为真正受到户外运动者推崇的户外服装品牌，Columbia的业务不断扩充，销售遍及全球各地。其户外夹克、多功能裤、T恤、背包及户外运动鞋等全天候户外服饰，不仅深得户外活动发烧友拥戴，也受世界各地潮流人士的欢迎。

（3）Columbia 品牌的设计综合分析

Columbia的服装设计线条简洁，在色彩上注重与时尚的结合。上衣除了应用黑色、灰色和亮彩色外，还使用很多满底印花和格子布，另外，几乎每件衣服上都有其他的颜色拼接，有的是撞色面料镶拼，更多的是与大身色撞色的辅料，比如门襟或袋口的拉链用与大身不同色相的亮色（图3-65）。男式外套色彩主要集中在大红、黄色、橘色、浅蓝色、深蓝色和黑色，女式外套色彩主要是大红、玫红、黄色和浅米驼色。男式中间层服装色彩黑灰占比较大，女装仍以亮彩色和浅米色为主。男装整体色彩明度低、纯度高，女装色彩整体较轻盈，亮度高的浅彩色居多。

Columbia裤子除了基本的黑色、灰色、驼色外，也同样有格子面料和印花面料的应用。各种拼色、格子和印花的使用，使Colombia的服装与

图3-64　Columbia标志

图3-65（1）
Columbia 轻防风服

图3-65（2）　Columbia 轻防风服

图3-65（3）　Columbia
轻防风服

图3-65（4）　Columbia 格子女棉夹克

流行色有所接轨。

　　2015年春季，Columbia将服装的功能和时尚进一步结合，引进韩风系列产品，告别传统的户外服装单一色系，大胆配色，设计上融入潮流的元素，撞色、超饱和度的色块镶拼，展示出户外运动的生机活力。各种亮色线条运用，形成了横跨户外与潮流圈的两大风格阵营，而"亚太修身版型"则通过分析亚洲人的平均体型，特别针对肘部、背部及肩部等部位适当调整尺寸，使服装更贴合身形（图3-66）。

图3-66（1）　Columbia 男式登山服　　　图3-66（2）　Columbia 印花女式夹克　　　图3-66（3）　Columbia2015年滑雪夹克

PEdAL ED

URBAN JACKET

图3-67　PEDALED-urban夹克

13. PEdALED（佩达莱）

（1）PEdALED 品牌简介

PEdALED是一个日本设计师品牌，主要设计生产非竞技自行车运动者服装产品与配饰。品牌的名称PEdALED正是受"Pedalling to dive into the earth"这一诗意表达的启发而演变出的缩写单词，可以译为"骑行着"，其商标意味着品牌服装可以为骑行者带来自行车上的美好时光（图3-67）。

（2）PEdALED 品牌的发展

品牌创始人铃木秀人（Hideto Suzuki）曾作为服装设计师在著名品牌Junko Shimada（岛田顺子）工作了15年，对快时尚的失望促使他离开了时装公司。他开始寻找真正的"技艺"，直到他在加拿大学会了建造手工木屋。延续建木屋的思路，他决定设计制作精良、功能性强的服装。受到每天骑自行车的启发，他萌生出设计骑行服的念头，在2007年，他推出第一个PEdALED系列。

虽然公司创建在日本，铃木秀人一直注重公司的国际化发展，例如他与意大利公司的合作。作为骑行服的发源中心，意大利拥有众多优秀的设计公司、一流的面料商和精湛的制作工艺，铃木秀人强调品牌是"日本生产，意大利生产"。

从一个设计师的角度出发，铃木秀人把骑行服定位于美观与功能性兼具，PEdALED的骑行服包括日常骑行服，也有越野骑行服，时尚的设计适合日常生活，贴心的功能性细节又成为骑行者不可或缺的装备。PEdALED品牌倡导天然舒适、接近自然、保护环境，因此服装多采用纯天然织物，例如麻、亚麻和有机棉等天然材料，这些材料主要应用于基础PEdALED非竞技自行车运动骑行服的设计，有时品牌设计师甚至使用旧衣物和二次使用的纺织品进行创作，突出品牌的环保理念。同时，为保证服装的舒适性与品质感，品牌将产品所使用材料中的合成材料保持在绝对的最低水平，所有产品从设计到制造均在日本精心打造。目前，PEdALED已是最受全球骑行者欢迎的运动服装。

（3）PEdALED 品牌的设计综合分析

PEdALED品牌服装为鼓励人们参与骑行、享受骑行而裁剪定制，服装不仅关注到在自行车上的舒适度，同时也注重在不骑自行车时的实用和舒适度。在设计时，服装的通风、反光细节以及其他功能性特征都有仔细的考虑。由于属于高端定制的非竞技自行车运动服装品牌，因此制作严谨精细。产品按照款式分类可分为外套、夹克、马甲、长裤、短裤、衬衫、T恤和配饰，服装的数量虽然不多，但是已覆盖所有基本款式。每个款式的设计都凝结了设计师的独具匠心，充分体现时尚性，发挥功能性，使服装变成可穿可用的多面合一的产品，伴随骑行者度过快乐的骑行时光，保护其不受伤害。下面以其中最具设计特点的服装款式为例，详细分析品牌的一些设计风格。

1）风衣外套

PEdALED品牌非竞技自行车运动服装中的风衣外套充分体现出非竞技自行车运动的特点，为运动者穿着既时尚又实用而设计。

图3-68中PEdALED品牌此款风衣外套整体廓型为简洁干练的H型，从造型上与一般的休闲时装并没有本质的区别，实穿性极强，可以搭配所有日常款式服装穿着。在细节造型上，设计师加入了体现个性与功能性的设计亮点。风衣领子一般为翻领，平时可以将领子竖起的同时将第一粒扣处一并翻折过来，形成如同驳领的结构，时尚且凸显气质；还可将风衣领子以下第一粒扣处半敞开式穿着，只固定服装内侧的一粒钮扣，将原本露出的胸口包裹于衣服内，实现保暖功能。而在骑行过程中需要防止风进入服装内部时，服装敞开的领子以下第一粒钮扣处将完全闭合，以钮扣固定，同时领子设计为可以竖起的结构，脖颈处由隐藏在领子下面领座处以钮扣作为固定调节点的襻固定，使脖颈处也完全被保护起来，不受风寒。这种领型多见于非竞技自行车运动服装

的设计中，方便实用且功能性强。在肩部设计有肌理纹路的同色面料拼接，以承受包袋对肩带的摩擦，从而起到良好的固定防滑作用。袖子手腕处的袖克夫也以钮扣作为调节固定点，日常穿着时可将袖克夫放松为最大尺寸或拆卸悼，保证穿着的舒适美观，在进行非竞技自行车运动时，可将袖克夫调节为里侧钮扣固定处尺寸，起到收紧袖口的作用，当骑行运动进行时，可尽量减少风从袖口进入服装的可能。服装色彩运用单一的军绿色，面料采用防水透气的石蜡棉，使运动时穿着更加舒爽。

在风衣大身后中开衩处设计运用细款反光条这一辅料，镶嵌在开衩下面一层的面料上，在日常穿着时反光条不会轻易露出，而在骑行的过程中由于开衩位于臀部以下的位置，当运动者坐在自行车座上时，分衩处会自然张开露出隐藏在其中的反光条。袖克夫的双面设计也将可视性设计恰如其分地融入其中，袖克夫表面采用衣身同样的棉质面料，而内侧则采用反光材质面料，在日常穿着时与一般风衣没有区别，而在骑行状态下，运动

图3-68 风衣

图3-69　风衣细节

者可将袖克夫内侧翻起显露出反光材料,增加服装上的反光区域,增强服装的可视性(图3-69)。

2)夹克衫

PEdALED品牌的城市夹克整体造型简洁,细节上采用了高领结构,在日常穿着时可将领口拉开,休闲时尚,在骑行状态下时可将拉链完全闭合,使领口的保护延伸至下颌处,充分防止风从领口进入。版型上使用符合人体工学裁剪的袖子,在自然状态下呈现出手臂自然弯曲的形状,留有足够的内部空间,使骑行状态下的运动者更加舒适自如。袖口采用弹力橡筋抽紧式配合维可牢粘贴,使袖口更加贴合手腕处尺寸,防风效果更佳。位于腰后部的两个后袋空间充足,可以携带骑行者的随身物品,袋口以维可牢粘贴开闭,十分便捷,反光条也位于带盖内侧,在进行非竞技自行车运动时可将袋口翻开局部,露出反光条,引起周围行车者的注意。服装在内部拉链一侧设计有缠绕固定耳机绳的细节,凸显服装的人性化设计,使骑行更加愉快。此款城市夹克在色彩上以黑、灰拼接为主,采用防水透气面料,一切为非竞技自行车运动的舒适性目的而设计(图3-70)。

图3-70　夹克衫

3）衬衫

PEdALED品牌的牛津衬衫采用品牌一贯的版型设计，廓型大方，符合人体工学的袖子既有型又便于运动，衬衫的后片下摆略长于前片，使衬衫在正面看上去长度刚好不拖沓，而衬衫后片长出的部分可以在骑行时遮盖由于运动前倾而露出的腰部，保护腰部不受风寒侵袭。

在后片有一个突出的设计，就是一个小的钮扣后袋，这一设计延续了自行车运动自产生以来的在自行车服装设计中的惯例——在服装后片设计有口袋便于存放小物品。后袋的设计灵感来源于历史自行车服装，但这一点设计便使这件看上去与普通衬衫并无区别的衬衫完全凸显其属于非竞技自行车运动服装门类的特殊属性，兼具美观性与实用性，此款衬衫同样适合在日常穿着（图3-71）。

4）丹宁服

丹宁服是以牛仔面料为主的上衣与裤装的总称。PEdALED品牌丹宁服凝聚了设计师独特的美学眼光，极具品牌代表性（图3-72）。名为反光丹宁夹克衫的防风驳领，可在日常穿着时如同西装的驳领一样翻折下来，成为休闲丹宁西装款式，在骑行过程中可竖起，隐藏于领下的领襻将领子固定于下颌处，彻底防风；宽大的立体贴袋可以随身携带很多物品，甚至可十分方便的携带

图3-71　衬衫

图3-72　丹宁服

图3-73　丹宁裤

有些体积相对较大的物品；袖子依旧采用符合人体工学的裁剪，合体又适宜运动；贴心的内袋设计让骑行者需要携带的贵重物品有了栖身之地，安全又放心。独家PEdALED反光处理是品牌丹宁服装的一大特点，不同于以往非竞技自行车运动服装将可视性功能仅仅运用于固定位置夹缝反光条这一设计手法，此款服装将反光部位与人体结构、人体工学、服装结构相互结合，设计运用人体由于运动而易产生褶皱的部位，在夹克上的位置为臂弯易产生褶皱的部位，将反光涂层直接印刷于丹宁面料表面，由于反光材料多为银灰色，效果如同丹宁面料的做旧处理，非常自然，与服装浑然一体。这种自然流露且兼具功能性的设计给人极具冲击力的启发，为非竞技自行车运动服装的开发提供了重要灵感，将功能性完全融入服装的结构中，适应人体的常态，达到了功能性服装设计的制高点。

　　反光丹宁牛仔裤是PEdALED品牌丹宁服中的又一代表产品，裤型采用相对宽松的直筒裤造型，版型上在膝盖处增加省道，裤型更加立体，在运动时留有更大的空间供膝盖在骑行时活动（图3-73）。裤腰部结构前低后高，便于在骑行时身体前倾的状态下腰部不会因裤子腰头的挤压而硌到，同时腰头后高的设计保护骑行者的腰部在骑行时不会露出而受凉。其反光设计依然延续丹宁上装的设计理念，在裤子容易产生褶皱的大腿根部和膝盖弯曲处，以裤子的褶皱状印刷反光材料，视觉感受十分自然，功能性突出。而本款裤装最大的特点在于为非竞技自行车运动者而独特设计的舒适性版型，设计师将原本位于裆部的四条拼缝汇聚的一点转换成由一片插片拼接的平和舒适裆部，由于原来的普通裤装设计拼缝过于集中使得骑行时坐在座位上裤子与皮肤摩擦过大而产生不舒适感，经过设计改良，拼插的一片结构使裤子的裆部更加宽松，同时将拼缝转移，使得在骑行者坐在车座上时裤子不会有突出的结构与皮肤相摩擦，提高骑行的舒适度。

5）帽子

PEdALED品牌的帽子延续了品牌鲜明的日本特征，斯图尔特尖顶帽外观看上去如同一顶复古工装帽，面料选用100%纯棉，经过靛蓝色染料染色处理，透出生活的气息；帽子的内里采用经典日本头巾面料，无时无刻不在凸显品牌的本土化特色，这种坚持与设计的巧妙运用对非竞技自行车运动服装的开发很有启发；隐藏在衬里的可调节松紧使得帽子轻松适应各种人群穿着佩戴（图3-74）。

图3-75　Rapha的标志

14. Rapha（拉法）

（1）Rapha 品牌概述

Rapha是一个创立于英国的公路自行车运动服饰品牌，目前主要产品有训练与竞技骑行服和非专业竞技城市骑行服。Rapha品牌的理念是创造出世界上最时尚的自行车骑行服装与配饰（图3-75）。

（2）Rapha 品牌的发展

Rapha的第一组产品在2004年7月推出，配合进行了一个月的自行车运动回顾展。Rapha最初的产品主要是运动衫、夹克和骑行帽，Rapha并不局限于服装的生产和销售，更多的推广是组织骑行赛事、拍摄相关影片、出版书籍，还赞助了三个职业自行车队，这些推广使Rapha品牌深入人心，也助推了自行车运动的发展，使骑行成为一种时

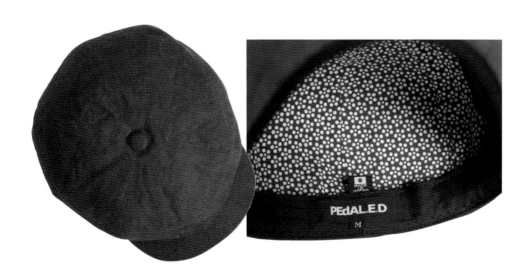

图3-74　帽子

髦、健康的生活方式。2013年，Rapha成为世界排名第一的自行车队Sky Pro的赞助商。

Rapha一直把骑行当作最艰苦、最美好的运动，品牌以能为这项运动设计为荣，重视服装的品质、时尚感和性能。对这项运动的热情使Rapha的每一项活动都充满感染力，Rapha把骑行者聚在一起分享这份热情，每次赛事的精彩瞬间、骑行者的风采都留在Rapha的网站上，Rapha完全与骑行运动融合在一起。2007年，Rapha在美国开展创意公路赛Rapha Continental，又吸引了更多的骑行者，分享路途中的快乐，发现沿途的美好，在线的风光影片、照片、骑行地图成为最好的宣传。现在这一赛事已经推广到英国、日本、澳大利亚、欧洲和东南亚等地区，影响力巨大。

Rapha正成为一个快速成长的公司，目前品牌产品包括骑行训练与竞技、城市骑行、女士骑行产品、Rapha Condor Sharp（精英骑行系列）、Rapha Cyclocross（自行车越野赛系列）和经典骑行系列，其中城市骑行系列是专为非竞技自行车运动者而设计的骑行服装与配饰系列。

（3）Rapha 品牌的设计综合分析

Rapha城市骑行系列服装及配饰是专为非竞技自行车运动者在城市骑行中快速、全日骑行而设计，在不影响服装时尚风格的前提下为骑行者提供最大程度的舒适度。高科技面料、具有灵感的设计与优雅的剪裁完美结合，使品牌产品时尚美观，同时具有良好的功能性。

Rapha城市系列非竞技自行车运动服饰产品按照款式可分为T恤、polo衫、针织衫、夹克衫和softshell衬衫、裤装及配饰，每一品类中又有细致的划分，产品结构丰富，覆盖面极广。下面以其中最具设计特点的服装款式为例，介绍Rapha品牌的设计特点。

1）T恤、Polo 衫、针织衫

T恤、Polo衫和针织衫是Rapha品牌这一系列中的基本款式，设计简洁但不乏细节。

以T恤为例，图3-76所示款T恤采用贴身的剪裁设计，大身后片的略长设计很好地符合骑行者在自行车上的状态；轻松的黑、橙色体现出非竞技自行车运动不变的精神；黑色的Logo和标识字

图3-76　Rapha T 恤

母精致地装饰在橙色衣身上，具有高辨识度，舒适时尚（图3-77）。

2）夹克衫和 Softshell

Rapha品牌夹克衫与Softshell均属品牌最优秀的设计制作款式，以其夹克衫为例。

图3-78所示这款西服休闲装是品牌的又一巅峰之作，它是一项Rapha品牌与英国领先的定制裁缝之一的蒂莫西·伊维斯特（Timothy Everest）之间的开拓性合作。服装采用英国生产的100%羊毛织物由蒂莫西·伊维斯特亲自设计，外加一点点Rapha粉红色。面料采用纳米技术织成，有非常好的防水耐污性，可以让骑行者在夏季感到凉爽、冬季感到温暖。领子下隐藏两粒功能性钮扣，日常穿着时领子放下，如穿着西装，当需要骑行保护时，两个隐藏的按钮可以工作，提供安全保护。这件夹克舒适性和实用性兼具，其中包含了多项创新：前下摆可以折叠起来，并固定在前面的口袋上，使他们在运动者骑行时前下摆远离腿部，减少干扰；夹克衫后背处有一个"动作后背"结构，褶藏于肩膀后侧，使运动空间更大、更舒适；符合人体工程学的钮扣

图3-77　Rapha T恤

系统，可以快速固定领子、前胸口袋等结构，以防止风雨侵入；左臂设有一个拉链口袋，内有挂绳；夹克里有两个胸袋和一个额外的贵重物品的口袋，便利实用（图3-78）。

图3-78　Timothy Everest r+aphae 休闲装

图3-79　Rapha **防雨夹克**

图3-79所示款防雨夹克衫用醒目的黄色，在袖部装反光条，引起周围行车者的注意。服装前部设计有斜拉链，依然是骑行服的前短后长设计。

3）衬衫

Rapha品牌长袖衬衫集运动机能性与正式装特点于一身，既可以非常舒适地骑行上下班，在办公室穿着也同样合适。最新款的非竞技自行车运动衬衫采用高性能奢侈感强的纯棉面料，在将其折叠后放入包中时不会产生太多折痕。其高品质的设计制作使服装具有很大的拉伸性和新的功能，其中包括微妙的肩部拼接，领口和袖口的内部细节设计。其主要特点是：采用快干和透气弹力面料；转移的肩缝，以避免行李包带摩擦；隐藏式领部钮扣；覆盖衬衫门襟上半部的保护钮扣结构和衬衫后侧部的后袋（图3-80）。

图3-80　Raphae **衬衫**

15. The North Face（北面）

（1）The North Face 品牌概述

是一个美国户外运动用品品牌。除经营服装及鞋袜外，还出品各种背包、帐篷、睡袋以及登山、滑雪及徒步等户外运动所使用的装备。

The North Face名字起源于在北半球，由于山脊北面的日照时间最短，积雪多而寒冷，对于登山者而言是最危险、最有挑战性的区域，需要登山者技巧好，同时配备最佳的装备才能征服。许多登山家皆以攀登山峰的北壁作为挑战的终极目标。品牌以此为名，也是凸显品牌挑战极限，追求高品质的理念（图3-81）。

（2）The North Face 品牌的发展

1966年，两位热爱登山的年轻登山家在美国旧金山北部的滨水区，凭着对登山的热情创立了一家小型的登山用品专卖店，取名为The North Face。1968年开始以前店后工厂的经营方式，开始设计生产专业登山服装与装备，由于产品质量与设计的精良杰出，The North Face很快成为知名的户外服装领导品牌。

1969年，The North Face向位于加拿大海拔5959米洛根山上的北美北极研究所提供高海拔专用装备，The North Face赞助探险活动就此拉开序幕。The North face开始赞助狂热的户外运动员们探索地球上那些最遥远、最难以触及的角落。这项强而有力的人传统一直延续至今，不断传达着品牌的信念——探索永不停止。

1968年起The North Face开始设计并生产属于自己品牌的高功能性专业登山服装与器材，到了1980年初期，户外极限运动中的滑雪服装也开始加入The North Face的设计商品线。在20世纪80年代末期，The North Face已成为全美唯一供应最完备高功能性户外服装、滑雪服、睡袋、背包与帐篷的品牌。

1996年春季，The North Face率先以全系列

高科技材质与创新结构的Tekware投入休闲运动服饰市场，带给喜爱攀岩、健行、郊游、慢跑等户外运动人士功能性与舒适性最佳的运动服。

1997年，The North Face宣布与当时最顶尖的登山鞋制造公司La Sportiva展开技术合作，在1999年春季，正式推出了广受世界瞩目的功能性健走鞋与慢跑鞋。

The North Face从创立至今，始终以最先进的技术，设计专业户外服装、背包、装备与鞋子等全系列商品。在全球市场上，The North Face的产品永远都是成功登顶者、世界性探险队、极限运动选手、极地探险家的首选。

（3）The North Face 品牌的设计综合分析

The North Face的设计以专业户外运动为主导，注重选择高科技的面料，设计风格简约。如在2011年推出的春夏新品Better Than Naked跑步系列（图3-82），以追求更强、更远，且勇于突破个人极限的耐力跑为主打，为爱好者精心设计。首先是轻便透气面料的选择，使得这款夹克的重量比一个普通的苹果都要轻很多。设计上采用贴身设计。在制作工艺上，面料采用热压拼接技术，接缝处尽可能采用绷缝，使产品接缝处在长距离的跑步中减少与皮肤的摩擦。部分产品还采用防泼水处理，DWR防泼水涂层与材料紧密结合，部分产品的防晒指数达到UPF30，可以有效过滤约97%的紫外线。其中短裤设计得十分精细，连续式无缝设计短裤衬里，可打包至腰带上

图3-82　Better Than Naked 夹克

图3-83　Thermoball夹克

端，短裤的后中部采用带拉链的多口袋设计，便于运动员携带更多小件物品，这些设计都很实用贴心。

2014年推出的创新科技Thermoball（聚热球）系列夹克，是旅途中抗寒防水的最佳搭档。Thermoball是上百万个微纤维网所构成的稳定保暖结构，在遇水、寒冷的情况下，依然相当于600克鹅绒填充物的保暖度。因此，Thermoball比起羽绒更轻便、蓬松、保暖且压缩性好，最重要的是，它能在潮湿天气中排斥水汽，依旧发挥良好的保暖性能。The North Face在设计上选用明亮的粉色、蓝色，配合运动剪裁和内置弹力袖口，让运动更加自如；前中外置浇铸式链齿拉链、两个带安全拉链的插手袋以及下摆带可调节抽绳等细节，都是The North Face的经典设计（图3-83）。

为迎合国际化的市场，The North Face逐步推出了一些地区特别支线品牌，如日本线Purple Label，韩国线White Label等，这些支线也丰富了品牌的设计。如The North Face White Label2014年秋冬系列就是结合韩国人喜爱的修身剪裁与简约的服饰审美感设计的，打造出独到的时尚户外风格（图3-84）。没有采用过多的图案元素，而是以颜色为主打，调配出各类细节感丰满的色彩，也加入了一些可爱的动物图案。配套的格纹衬衫和包款的设计也尽显时尚的律动感觉。

图3-84　The North Face　White Label2014年秋冬系列装

图3-85　OZARK标志

16. OZARK（奥索卡）

（1）OZARK 品牌概述

OZARK是定位于高品质、高舒适性的专业户外运动品牌，产品分为四大系列，包括300余种户外装备，其不仅能满足一般大众需求，同时能满足各种极端环境的探险要求。

OZARK是位于北美大陆肯塔基州与密苏里州边界一座纯净自然的山脉，把OZARK作为品牌的Logo正代表着品牌最纯粹的户外精神，表达出品牌对户外运动的热忱和同大自然和谐相处的理念（图3-85）。

（2）OZARK 品牌的发展

OZARK由瑞士户外爱好者汉斯·沙伦伯格（Hans Shallenberger）于1996年建立。观察到中国不断发展的户外运动市场和不断变化的生活方式，OZARK将"改变你的生活方式"作为品牌的基本理念，提倡体验自然和挑战户外的精神。品牌把产品定位于高品质，讲求专业性，请来世界各地的专业设计师为中国市场设计产品。来自瑞士的首席设计师彼埃尔·伊维斯（Pierre Yves）每年将欧洲最流行的户外运动理念凝结于奥索卡的设计之中；来自中国香港地区的资深户外运动服装设计师阿里·黄（Ali Huang）则根据亚洲人的身体结构、特征，为OZARK打造出适合中国人

的专业户外运动服装备。来自美国的世界著名户外背包设计师黑蒂（Heidi）专门设计户外背包。

OZARK也注重采用全世界领先的面料，从Gore-Tex防水透气面料到COOLMAX吸湿排汗面料，再到Thinsulate保暖材料，都成为OZARK打造具有国际一流质量品质产品的基础。

OZARK一直为促进户外运动持续发展不断付出努力，他们建立了西藏登山学校，开办CMDI中国登山高级人才培训班，使世界前沿理念融入中国攀登运动；通过"雪山守护计划"项目来维护山峰资源与自然环境。

专业加时尚的产品，使得如今在越来越多的探险和户外活动中OZARK成为了户外爱好者的首选。

（3）OZARK 品牌的设计综合分析

OZARK的国际设计师团队以亚洲人身体结构为设计模版，融入当季国际最新的流行元素，设计出适合中国人穿着的专业户外产品。OZARK的户外运动男装的色彩与Arc'teryx的男装色彩有些相似，以黑色、灰色、橙色、蓝色、大红色为主，色彩纯度和明度均较高（图3-86）。女装的色彩

图3-86（1）　OZARK甩棉压胶三合一冲锋衣

图3-86（2） OZARK甩棉压胶三合一冲锋衣

少用黑色，色彩饱和度比探路者的稍高，而明度要比探路者的女装稍暗，OZARK女装大多数是鲜艳的彩色系列，明度上整体高于其男装的色彩，另外还包含少量灰色（图3-87）。

OZARK服装的色彩绝大多数是以单色为主，少数款式会拼有灰色、黑色等无彩色，很少有对比色镶拼或同色系镶拼的款式，所以服装的配色方面略显单调，色彩的时尚度不及Columbia和Toread，但其色彩也足以满足户外运动对服装的要求。

图3-87 OZARK 女士夹克

图3-88　探路者标志

17. 探路者（Toread）

（1）探路者品牌概述

探路者是中国领先的户外品牌，国际影响力也在与日俱增。探路者是一个从制作旅游用品发展而来的户外服品牌，产品包括户外帐篷、睡袋、背包等户外露营用品，及户外服装、鞋品。探路者的英文标识Toread是英文To Read的合写，寓意着"一群喜欢户外，喜欢发现自我的人"，去阅读自然，寻找一个不可能出现的自己！

探路者的品牌Logo为视野，主色调灵感来自青藏高原喜马拉雅山脉的色彩，大地红与冰雪白的完美结合，给人以大地的坚实感和接近阳光的感受（图3-88）。

（2）探路者品牌的发展

1999年，测绘工作者盛发强和他的伙伴们在香山脚下创立探路者公司，最初是一家旅游用品公司。2000年开始，产品从单一的户外帐篷扩展至睡袋、背包等户外露营用品，成功申请注册"探路者"商标。2002年探路者产品线继续扩张，从户外装备拓展至户外服装及鞋品。2003年，首家探路者户外用品专卖店在北京开业，标志着公司开始品牌化运营。

2004年，公司迁址北京昌平区宏福创业园，走上规模化快速发展道路，同年探路者启动"保护藏羚羊，关注西部生态"公益活动，这一关注西部生态的公益活动一直持续到2008年，产生了极大的社会影响。2008年，探路者成为唯一入选

北京2008年奥运会特许生产商的户外用品企业。2009年成为中国南（北）极考察队独家专用产品，2010年，探路者代言人王石及王静从南坡"零垃圾"登顶珠峰，公司建成中国最大规模的户外行业研发中心。

探路者一直专注户外用品市场，始终追求科技创新，为勇敢进取的人提供安全舒适、性能可靠、外观时尚的户外运动服装备。数次为中国南极考察队贴身护航。在服装市场竞争日益激烈的情况下，探路者又开始推出多品牌经营策略，2013推出全新品牌Discovery Expedition和电商品牌ACANU（阿肯诺），Discovery Expedition是探路者与Discovery探索频道合作的一个高端户外游品牌，ACANU（阿肯诺）则聚焦年轻网购消费群体。

（3）探路者品牌的设计综合分析

探路者的设计注重服装的功能性，色彩整体明亮，很少用无彩色。如其专为徒步、登山爱好者设计的Trekking系列，设计上注重服装的多功能性和运动中的一些细节保护，2013年秋冬款男士套绒冲锋衣，其内层抓绒衣为抗静电天鹅绒抓绒面料，外层面料则使用PU透湿透明涂层面料，防水指数达到5000，透湿度3000，整个面料外观厚实挺括。款式上内层抓绒衣与外层冲锋衣可随意套穿也可以单独穿着，达到一衣两用的效果。其次一抽两用的帽结构设计，帽子同样可以实现随时拆卸，方便实用。色彩设计上采用藏蓝色打底，多色碰撞配合不对称结构设计，显得稳重中不失时尚感。细节上，使用超耐用的YKK拉链，上部装防刮伤领贴，防止在运动中拉链刮伤皮肤。袖口、下摆处均带有魔术贴或抽绳式设计有效实现了防风保暖，提升了服装的整体品质（图3-89）。

专为滑雪、山地越野和攀岩等极限运动定制的X-HERO是探路者巅峰系列，2013年款的女士滑雪服采用蓝色系与攻红色大色块撞色拼接的色彩设计手法营造出绝佳的视觉效果，适合滑雪时

防刮伤领贴防止
拉链刮伤皮肤

一抽两用帽结构
帽子可拆卸

拉链使用YKK 经久耐用

手工刺绣LOGO

TOREAD

底部抽绳设计 起到防风保暖作用

可套穿抓绒服

图3-89　探路者Trekking系列2013年秋冬冲锋衣

对色彩的功能性要求。其次，在款
式、细节上，除具备可脱卸式帽子、
抽绳下摆、袖口可收缩等典型设计
外，还增加了左右胸袋不对称设计，
为款式注入新鲜感。腋下透气位设
计，保证在运动过后具有良好的透
气效果，防风弹力袖口带有子母扣，
下摆处添加防风裙设计，既保暖又
符合运动需求（图3-90）。

图3-90　探路者X-HERO系列
2013年秋冬女士滑雪服

图3-91　Lacoste标志

18. Lacoste（鳄鱼）

（1）Lacoste 品牌概述

以鳄鱼为代表的Lacoste品牌象征着一种舒适、优雅的生活态度，独特的设计和高品质的产品涵盖了男装、女装和童装，与其说Lacoste是一个运动品牌，倒不如说它代表了一种运动态度，一种优雅、时尚的风格，已经成为高雅、恬淡、理性和经典的象征。现在Lacoste产品主要有三大类：Sportwear系列、Sport系列，以及适合正式场合的Club系列。

品牌商标来源于著名的网球运动员何内·拉科斯特（René Lacoste）从自己的绰号"Lacoste"中获得的灵感，好友罗伯特·乔治（Robert George）为他设计了一个印在比赛服上的鳄鱼图案，何内·拉科斯特在球场上如鳄鱼般紧咬比分、顽强拼搏的坚韧品质也成为这个品牌的精神（图3-91）。

（2）Lacoste 品牌的发展

退役后的网球名将何内·拉科斯特1933年与法国一纺织业老板成立了"La Chemise Lacoste"公司，开始生产由何内·拉科斯特设计并带有鳄鱼标志的网球球衣，开创了当时将品牌名称展示在衣服外面的先例。除了网球衫外，Lacoste也生产高尔夫球衫和航船衫，1951年起也开始生产白色以外的网球衫。1952年开始外销至美国，品牌定位为"优秀球员的地位象征"，成为了上流人士的运动服饰首选。

1963年，贝尔纳·拉科斯特（Bernard Lacoste）自父亲手中接下公司的管理工作，业绩蒸蒸日上，在他成为总裁时，一年可卖掉30万件的Lacoste产品。20世纪70年代晚期，Lacoste在美国大受欢迎，成为富家子弟衣柜的必备服饰。此外，Lacoste也开始生产短裤、香水、眼镜、太阳眼镜、网球鞋、甲板鞋、走路鞋、手表和多种皮革产品。

2005年，Lacoste在全球超过110个国家里卖出了高达5千万件的服饰，其销量显著性高的原因在于它找了年轻的网球选手来代言。此外，Lacoste也积极打入高尔夫球界，两次美国名人赛冠军得主何塞·玛利亚·奥拉萨巴尔（José María Olazábal）和苏格兰选手柯林·蒙哥马利（Montgomerie Colin）就是穿Lacoste的球衣比赛。

2002年，法国设计师克里斯多夫·麦尔（Christophe Lemaire）为Lacoste设计了摩登且高价位的服饰，使得Lacoste的受欢迎度窜升。2010年，菲利普·巴普蒂斯塔（Felipe Oliveira Baptista）担任品牌时装设计师，重新诠释了Lacoste的品牌价值观，使得Lacoste进一步成为休闲运动的一线品牌。

（3）Lacoste 品牌的设计综合分析

Lacoste在款式的外廓型上多以T型及H型为其主要外观特征，尤其以T型较为多见，线条流畅、造型优美。整体外轮廓线条柔和，主要表现有两种：一种是款式上衣结构避免缩肩，采用略微扩肩、不收腰的处理，因服装多采用棉质居多，有圆弧包肩感，衣长多至臀围处；另一种是裤子的设计，包括针织面料的运动裤子及梭织面料的休闲裤，多采用窄臀、宽松直筒或收腿裤、裤线平顺自然的结构设计方法。

Lacoste的休闲装在局部结构设计中，强调对称性设计。该品牌的款式设计的精髓在于两条中心线上下、左右的比例美感，第一条中心线接近水平臀围线，这条中心线是控制上下装的分

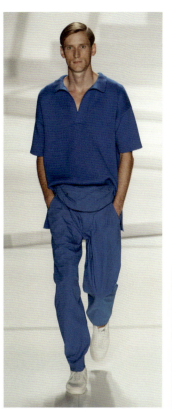

图3-92　Lacoste2013年秋装设计　　　　图3-93　Lacoste2015年春夏装设计

割，而第二条线也是由颈窝点而下的垂直线，这条中心线所控制的是服装局部结构的左右对称，Lacoste休闲男装绝大部分货品为对称款式（图3-92）。

同时，Lacoste休闲装的细节设计上，在男装的夹克、外套单品中，部分衣身为单色，里料却为细密彩条配色。在所有的裤装中，其腰头内贴处总会有Logo或彩条装饰，且裤子内侧都有包边处理，其含蓄的设计手法与Lacoste品牌提倡的优雅与个性、反对炫耀的设计理念有关。在款式内结构及细节设计上，Lacoste的局部造型如口袋、领袖、门襟等结构作弱化处理，也就是说，在这些局部结构的设计中，很少采用异色、异质面料的拼接手法。其次，这些局部同样没有采用突显性的立体结构设计，口袋设计采用极简的手法，多

为贴袋和插袋，无立体贴袋，其局部造型设计上点到为止，更好地烘托整体造型的柔和与品牌的年轻化（图3-93）。

Lacoste整体着装形态给人柔和清爽及温暖的感觉，这种柔和不同于Y-3因外廓型线条的刻意强调的弧线型，而更多是由选用柔软棉质针织面料所共同带来的，因此，整体廓型倾向于柔和的T型，也成为加强时尚运动特质的方法。

Lacoste的休闲装在整体色彩上给人以平稳运动的感觉，有的整体产品色彩以大量单色彩为基本色彩，又以单品单彩的形式居多，其明度及纯度都非常高（图3-94）。有的产品以单色为主色调，异色拼接或小面积对比居多，其明度、纯度接近，而当几个色块面积比例相当的情况下，多选用互补色或对比色，且多为几何状（图3-95）。

图3-94　Lacoste的设计

图3-95　Lacoste的设计

19. 李宁（LI-NING）

（1）李宁品牌概述

李宁品牌是中国本土体育品牌的龙头，是第一家在海外上市的中国品牌，目前营销网络已进入23个国家和地区，逐步成为代表中国的、国际领先的运动品牌。目前产品包括运动服装、运动鞋和运动配件。

李宁牌商标由汉语拼音LI和NING的第一个大写字母L和N的变形构成，也是李宁原创的"李宁交叉"体操动作的抽象形象。主色调为红色造型，生动、细腻、美观，富于动感和现代意味，充分体现了体育品牌所蕴涵的活力和进取精神（图3-96）。

（2）李宁品牌的发展

1990年，李宁带着100多枚金牌和"体操王子"的桂冠宣布退役，在广东三水创办了李宁体育用品公司，得益于李宁体操王子的身份，品牌迅速成为家喻户晓的运动品牌代表。1990年8月，"李宁牌"运动服被选为第11届亚运会圣火传递指定服装、中国国家代表队参加亚运会领奖服及中外记者的指定服装，亚运会让"李宁"一战成名。

1993年李宁开始了当时市场上前所未有的营销方式——特许经营，借用经销商的力量迅速形成独立完整的营销网络，成为中国体育用品行业的领跑者。在拓展体育界影响上，李宁品牌先后与NBA、瑞典奥委会、西班牙奥委会签约，成为官方合作伙伴。2004年上市之后，李宁品牌更加深入人心，公司顺其自然利用募集到的资金，在产品研发、渠道拓展、品牌营销等方面多角度增加公司实力，是品牌的"黄金时代"。

2008年8月，李宁本人在举世瞩目的2008年北京奥运会开幕式上点燃主火炬，凌空绕场一周的飞天表演震撼世界，品牌进一步扩大了国际影响。

从1997年开始，李宁公司根据对中国体育用品市场需求的分析，认识到在青年人中蕴藏的巨大消费潜力，从而决心将品牌设计风格从单一的大众化塑造成"时尚年轻、具有个性"的城市品牌。2001年，李宁公司推出李宁高尔夫系列产品，希望由此塑造高端市场的品牌形象。2010年，李宁有限公司高调宣布品牌重塑战略，发布全新的标识和口号，并对品牌DNA、目标人群、产品定位等做了相应调整，打造"90后李宁"，李宁公司新口号变为"Make The Change"。

在不断变化的市场环境下，李宁品牌辉煌过，也遭受过业绩下滑、财务亏损。李宁品牌是中国本土运动品牌发展的一个典范，也逐渐融入全球品牌的竞争中，明星代言、球队赞助、品牌设计都越来越国际化，相信有着强大的中国市场和人气的李宁品牌将有更大的发展空间。

（3）李宁品牌的设计综合分析

在20世纪，李宁公司遵循低成本竞争策略，以Nike、Adidas为师，低调前行，采用跟随战略顺利坐上中国体育品牌的头把交椅，在设计上没有特别的亮点。进入21世纪，品牌开始重视原创，2004年11月，在香港成立设计研发中心，集中负责设计李宁牌服装产品。

李宁品牌的设计定位主要是：运动、时尚和东方。李宁品牌的设计首先是贴合运动的基本需要与功能问题来进行设计，尤其是基于中国人的

图3-96　李宁品牌标志

运动状态与习惯来设计的。比方说，人种的不同，运动的方式方法会有迥异。最简单的例子就是，在美国，人们可能喜欢在一些公园跑步，地面的质量与质感与中国的马路是有差异的，李宁的运动鞋设计不仅贴近中国人的脚型，更结合了诸如路面、运动环境等各个综合因素的功能需求。李宁品牌的许多服装、运动鞋的设计饱含东方理念，如图3-97中这款黑色的运动鞋，灵感来自秦兵马俑的铠甲，给人以稳重沉稳之感。而且，从审美的角度来讲，兵马俑给人一种神秘之感，包括上面的花纹，运用了一些古代青铜器的纹饰作为点缀。另一款名为"半坡"的篮球鞋，灵感顾名思义来自半坡陶器，也加入了马家窑陶器的花纹。颜色返璞归真，很有安全感。

在李宁品牌服装的设计中，富有中国文化特色元素也有很多运用，如图3-98中红色运动衫上金色龙纹装饰图案，就是中国风的典型表现。李宁为伦敦奥运会国家队设计的"战衣"命名为"赤鳞"，灵感就来源于辽宁查海具有8000年历史的龙鳞瓦片，比赛服采用了英威达最新"塑型科技"的面料，兼具运动服饰所需的自由伸展和舒适度的功能优势，轻质、透气、活动自如。

李宁品牌在开发专业类运动服装的同时也设计生活类运动服装——都市轻运动系列，该产品系列的设计色彩明丽、图案活泼、充满动感，激发都市人追求自由和新鲜的生活方式（图3-99）。

图3-97 兵马俑灵感运动鞋设计

图3-98　2012年中国羽毛球队奥运装备赤麟系列

图3-99　李宁运动生活系列炫
彩字母印花短袖T恤

图3-100　安踏标志

20. 安踏（Anta）

（1）安踏品牌概述

安踏体育用品有限公司是中国知名的体育用品品牌，主要设计、开发、制造和销售运动鞋、运动休闲服装及配饰，安踏将消费群体定位为非精英族群的草根族，其运动鞋在中国市场的占有率居领先地位。

"Anta"在希腊语中译为"大地之母"，希腊是奥林匹克运动会的发源，"Anta"喻指其品牌所奉行的奥运精神和产品运动性。品牌的整个标志为字母"A"的字型体，由四段半径不同的圆弧线交汇而形成。整体构图简洁大方，富于动感，图形鲜红的色彩代表了安踏的活力与进取精神。圆弧构造出的空间感展现出品牌无限的发展前景，变型的"A"则抽象出一只升腾而起的飞行形象，以极其简约、概括的手法展现了力量、速度与美三元素在运动中的优美组合，并从广义上喻意安踏追求卓越、超越自我的理念（图3-100）。

（2）安踏品牌的发展

品牌前身是一家鞋业有限公司，创建于1991年，地处中国三大鞋都之首——福建晋江市陈埭镇。1994年，开始使用安踏的标志。2001年，安踏开始产品的多元化和品牌的国际化，进入运动服、配件等服饰系列产品领域，这意味着安踏从单一的运动鞋向综合体育用品品牌的过渡。2004

年，安踏公司全面实施海外推广战略，相继在新加坡、希腊等国家和地区开办了安踏专卖店，销售成绩相当喜人，同时又在匈牙利展开安踏业务在捷克、乌克兰建立了紧密的合作伙伴关系，并以此为窗口，全面拓展欧洲市场。到目前为止，安踏公司在国内外已拥有近5000家安踏体育用品专卖店。

安踏先后签约奥运冠军孔令辉、NBA著名球星斯科拉、世界女排冠军的中国队队长冯坤，世界乒乓球冠军王皓、CBA的潜力球员王博作为形象代言人，强大的体育明星阵容塑造并提升了安踏的专业品牌形象。

1998年安踏首创了安踏极限运动精英赛，2004年10月，安踏斥巨资连续三年赞助中国篮球职业联赛，成为CBA职业联赛运动服装备唯一指定合作伙伴。2005年2月，安踏还与中国乒乓球协会正式签约，独家赞助中国乒乓球俱乐部超级联赛，是2005—2008年连续四个赛季的唯一指定运动服装备。

安踏引领中国制鞋行业迈入国际竞争的轨道，自2004年推出全明星战靴，到为CBA球员量身定制的——"王者系列"专业篮球鞋，证明了安踏有能力让中国球员穿上自己民族独立研发的专业篮球鞋。这意味着中国的专业体育品牌也必将为世界所认同。同时，为了CBA系列产品的开发，安踏2005年创建了"运动科学实验室"，用科技来领航品牌，从篮球、跑鞋等专业运动设备入手打造品牌。

在2009—2012年的10项重大国际赛事中，中国代表团的领奖服由安踏提供，将品牌提升到前所未有的高度。在体育营销方面的投入为安踏带来持续增长的销量，其中运动鞋多年居国内销量榜首。

（3）安踏品牌的设计综合分析

安踏的设计饱含着对体育精神的深刻理解，以及汲取中国文化精髓的创新，其设计理念是宣扬个性，展现自我。在篮球领域，连续多年打

图3-101 斯科拉战靴

造CBA装备，还给NBA巨星斯科拉等设计了口碑甚佳的专属战靴；在网球领域，为网坛名将郑洁、扬科维奇量身打造各具神韵的运动服装备，运用高科技提升产品的专业性，同时也融入了个性化的元素，例如将郑洁最爱的小狗毕利的图像印上球鞋，不仅令这位中国女子网坛的头号人物欣喜异常，更展示了其设计的灵动亲和的一面。

安踏为2015年NBA全明星扣篮大赛推出的专属版本战靴采用黑色为主色调，细节处以亮橙色作为点缀，球鞋的配色整体感觉非常炫酷，力量感十足，很符合实力扣将的感觉。在球鞋的后跟处有着安踏为本届扣篮大赛专属战靴设计的特别版Logo，是一个扣篮球员的图案，并且标有"JAM"的标识，很形象地说明了这双鞋的专属身份（图3-101）。

由安踏设计的2012年伦敦奥运会中国体育代表团奥运领奖服——冠军龙服，以中国传统的"龙"概念为核心元素，整条巨龙从左肩伊始，龙头昂首向天，龙尾则蜿蜒至袖口，将龙的神韵与中国书法象形的意境体现到极致，龙尾更将英国伦敦的一段泰晤士河形象融入，将中国文化与伦

图3-103　索契冬奥中国代表
团安踏冠军龙服

图3-104　安踏篮球
图案男装纯棉圆领
短袖T恤运动服

图3-102　安踏2012年冠军龙服

敦地标巧妙地融合在了一起。在颜色搭配上，将国旗的红黄两色运用于龙的图案。正面胸前大面积的留白，使冠军龙服的整体形象显得简洁大气，领口处的祥云图案配合整体龙的造型，构成一幅龙腾祥云的壮阔景象。设计师精心挑选的面料，纹理特别呈现出龙鳞质感。冠军龙服完美展现了中国龙文化的精髓，展示出中国传统文化的魅力（图3-102）。2014年索契冬奥会安踏再次将中华民族的文化图腾"九龙壁"作为冠军龙服的核心元素，领奖服工艺采用了中国传统的织锦技术，将九龙壁九条不同形态的龙形象印刻在了领奖服上；后背China字样延续伦敦奥运会银边立体设计并根据汉字宋体描绘China，更凸显中国特色。整体选用针织面料制作，领口的色织螺纹、袖子的对称织带拼接手法以及象征荣耀的金色拉链扣设计提升了整体的品质感与时尚气息（图3-103）。

　　在安踏的服装设计中，也融入许多运动元素，在图3-104款中，卡通图案、紧身设计使服装充满动感。

参考文献

［1］李光斗. 品牌战［M］. 上海：清华大学出版社，2006.8

［2］薛可. 品牌扩张：路径与传播［M］. 上海：复旦大学出版社，2008.10

［3］刘国联. 纺织品服装市场调研与预测［M］. 北京：中国纺织出版社，2009.7:17

［4］吴晓菁. 服装流行趋势调查与预测［M］. 北京：中国纺织出版社，2009.6:58

［5］王露. 运动服装设计创新［M］. 北京：中国轻工业出版社，2008

［6］华梅. 要彬. 21世纪国际顶级时尚品牌——运动服装［M］. 北京：中国时代经济出版社，2008年1月

［7］布伦纳. 康拉德. 没有不可能：再造阿迪达斯［M］. 北京：中信出版社，2007

［8］李俊. 服装商品企划学［M］. 北京：中国纺织出版社，2005

［9］（英）西蒙·西弗瑞特（Simon Seivewright）. 时装设计元素：调研与设计［M］. 北京：中国纺织出版社，2009

［10］冯庆梅. 体育运动与现代生活方式［J］，军事体育进修学院学报，2008年（1）

［11］石荣玺. 品牌服装企业核心竞争力理论及评价体系研究［J］. 大学，2006.5

［12］吴晓菁，姚圣君. 运动服装的设计元素及其应用［J］. 科技学院学报，2006（12）

［13］许有志，宁俊，陈桂玲.服装品牌认证指标评价体系［J］.北京：北京服装学院学报，2003（4）

［14］李晓慧.功能性运动服装的前景研究［J］.北京：北京体育大学学报，2005（2）

［15］赵欣荣，杨铁黎，任继明.把握运动服装演变趋势，推动我国运动服装产业发展［J］.体育产业与体育用品发展论坛文集，2006（4）

［16］魏统俊.论运动服装的发展历程与设计走向［J］.杭州：浙江体育科学，2010（3）

［17］陈志国.国内运动服装品牌的市场战略［J］.西南交通大学，2005

［18］马超民、何人可.基于品牌战略的产品设计评价标准［J］.长沙：湖南大学学报，2007（6）

［19］潘四凤.后危机时代中国体育用品产业集群升级研究［J］.浙江体育与科学，2010年（4）

［20］邓晓慧，贾荣林."李宁"品牌的形象塑造［J］.艺术设计研究，2011年（4）

［21］王路遥，韩振勇，吕克琦.从"安踏模式"探讨我国体育用品企业现状与营销策略［J］.湖北体育科技，2012（2）

［22］张姣.从Y—3论运动服的时尚化设计［J］.设计与产品，2001（4）